KB063303

**언어능력 키우는
아이의 말하기 연습**

언어능력 키우는

아이의 말하기 연습

신효원 지음

책장속
BOOKS

모국어도 연습이 필요하다

2000년 어느 가을, 캠퍼스를 걸어가던 중이었습니다. 학교 게시판에 붙은, 금방이라도 떨어질 것 같은 너덜너덜해진 종이 한 장이 유독 제 눈에 들어왔습니다. 교환학생에게 한국어를 가르쳐 줄 사람을 찾는다는 구인 광고였죠. 국문학도였던 저에게 외국어의 시선으로 한국어를 바라본다는 방향의 전환은 매우 신선하고도 설레는 일이 될 것만 같았습니다. 그 낡은 종이 한 장이 인연이 되어 저는 그렇게 한국어를 가르치는 언어교사로서의 길을 걷게 되었습니다.

지난 17년간 저는 우리말을 외국어의 관점에서 분석하고 연구하며 가르쳐 왔습니다. 한국어를 배우겠다고 전 세계 각지에서 한국을 찾아온, 살아온 환경도, 나이도, 직업도, 전공도 모두 제각각인 수많은 학생들의 한국어 발화를 분석하고 이들의 말이 어떤 교육적인 시도하에서 성공적으로 성장해 나가는지를 연구하고 지켜봐 왔습니다.

학생의 발화를 들으며 이 학생의 한국어 수준이 어디에 머물러 있는지, 무엇이 어떻게 부족한지, 빈 곳을 어떻게 채워야 하는지를 매일 듣고 분석한 탓에 생긴 직업병 때문이었을까요? 저도 모르게 한국인이 하는 말을 분석해서 듣고 있을 때가 종종 있습니다. 그들의 말이 어떤 위치에 머물러 있는지 제 머릿속에 도식화되어 그려지곤 했던 것입니다.

굉장히 유창해 보이지만 한 꺼풀 벗겨내어 속을 들여다 보면 속도와 발음에서의 자연스러움일 뿐, 사용한 어휘와 문장의 구조는 초라하기 짝이 없는 사람들의 말이 많습니다. 언뜻 들으면 말이 되는 것 같지만 돌아서면 '저 사람 대체 무슨 말을 한 거야?'라고 느낄 때도 많이 있지요. 말의 맥락이 갖추어지지 않았기 때문입니다.

한국인이라면 모두가 한국어를 자유자재로 사용해 가며 아무런 문제 없이 일상을 누리고 살아가는 것처럼 보이지만, 저마다의 말은 갖고 있는 수준과 격에서 차이를 보입니다. 아이들도 마찬가지입니다. 특히 아이들의 경우는 이 말의 수준, 즉 아이들이 가진 언어능력으로 공부를 해 나가고 학업을 이어 갑니다. 모국어가 탄탄하지 않으면 많은 시간 공들여 배우는 영어도, 앞으로 하게 될 그 어떠한 학습도 어느 한 지점에서 향상을 멈추거나 한순간에 무너지고 맙니다.

그렇다면 말의 수준을, 말을 부릴 줄 아는 능력을 어떻게 키울 수 있을까요? 언어능력을 키운다고 하면 보통 책을 많이 읽으면 된다고 생각합니다. 그렇습니다. 책은 언어능력을 향상시켜 주는 매우 훌륭한 도구입니다. 그러나 아이들은 한글이라는 문자를 배우기 전에 한국어를 듣고 이해하며 한국어로 말하는 방법을 알아 갑니다. 글을 읽으며 국어능력을 쌓아 가는 시간보다 훨씬 더 이전에, 훨씬 더 많은 시간 동안 우리는 듣고 말하면서 언어능력을 키워 나가고 있습니다. 그렇기에 수준 높은 말에 둘러싸여 적절한 언어 자극을 받으며 실이온 이이와 그렇기 않은 아이의 언어능력은 차이가 날 수밖에 없습니다.

이 책은 말 연습을 해야 언어능력, 즉 국어능력이 늘어 간다는 전제 하에서 출발했습니다. 그 연습은 다름 아닌 우리의 일상을 이루는 말 한마디 한마디입니다. 이때 말 연습이라는 것은 단순히 곱고 예쁜 말을 쓰는 것을 의미하지 않습니다. 다양한 어휘를 사용하고 명확하고도 격이 느껴지는 문장 구조를 사용하며 전달에 필요한 시공간적인 정보를 적재적소에 사용하려는 모든 노력이 말 연습에 해당합니다.

그리하여 우리는 아이들이 말을 알아 가기 시작하는 순간부터 말을 제대로 구사할 수 있도록 연습시켜야 합니다. 일상생활을 영위하기 위한 최소한의 말만을 쓰게 내버려 둬서는 안 됩니다. 짧고 단순한 말에 익숙해진 아이들의 언어능력은 그 단계에 그칠 수밖에 없습니다. 또한 언어능력의 성장이 멈추면 생각의 수준도 멈춰진 언어능력의 주변에서만 맴돌게 됩니다.

"나가서 놀고 싶어."
"오늘은 꼭 나가서 놀고 싶어. 지난주 내내 비가 와서 놀이터에 나가 못 놀았잖아."

아이가 지금 당장 느끼는 단편적인 감정인 '놀고 싶다'만 말할 때와 지금 내가 놀고 싶은 마음이 강렬하게 느껴진 이유까지 덧붙여 말한 두 발화 사이에서의 차이가 느껴지시나요? 물론 "나가서 놀고 싶다"라고만 말한 아이의 머릿속에도 지난주에 놀지 못한 이유가 스쳐 지나 갔을지도 모르겠습니다. 그러나 이러한 생각을 구체적인 언어로 한번이라도 표현해 보는 것과 하지 않는 것은 종국에 가서 아이의 언어능력에 큰 차이를 불러일으킵니다. 한번이라도 해 본 아이는 말이 늘 것이고 그렇지 않은 아이의 말은 자신의 의사를 최소한으로 전달하는 수준에서 멈추게 되겠지요. 생각을 구체적으로 표현할 수 있는 연습 기회가 제공되지 않으면 말할 줄 몰라서 말을 하지 않는 아이가 되어 버립니다. 따라서 아이가 단순히 '놀고 싶다'라고만 말했을 때 뒤이어 구체적인 의사 표현을 할 수 있도록 부모가 언어적인 자극을 주어야 합니다. 부모가 주는 언어 자극은 아이가 자기 생각을 구조화하고 정리하고 표현할 수 있게 합니다. 부모가 언어적인 자극을 줬느냐 주지 않았느냐가 아이의 생각을, 말을 달라지게 하는 것입니다.

부모의 언어 자극을 통한 말 연습은 아이가 어떠한 형태의 서술 구조든 그것을 파악하여 이해하는 데 큰 도움을 줍니다. 우리가 허투루 지나쳐 왔던 하루하루의 말이 쌓이고 쌓여 아이들의 언어능력의 초석이 되는 것이죠. 아이와 주고받는 말에 조금만 더 신경을 쓴다면 우리 아이들의 말, 우리 아이들의 언어능력이 크게 향상됩니다. 이는 더 나아가 아이가 성공적으로 공부를 해 나가는 데 결정적인 역할을 하게 됩니다.

자, 그렇다면 이제는 여러분의 집이 아이의 언어 교실이 되어야 합니다. 한글을 읽을 줄 아니까 책도 읽을 거고 그럼 국어 공부는 다 끝난 거라며 영어와 수학 공부에만 매진하다가 중학생이 되어서야 발등에 불이 떨어져 국어 문제집을 풀고 국어 학원에 다니는 경우가 허다합니다. 그러나 애석하게도 그렇게 한다고 해서 국어 실력은 향상되지 않습니다. 언어능력이라고 하는 것이 단기간에, 그리 호락호락하게 키워지는 것이 아니기 때문입니다. 집이 아이들의 언어 교실이 될 때, 부모가 아이의 우리말 선생님이 되어 일상의 하루하루에서 언어 자극을 줄 때, 우리 말을 넓혀 나갈 수 있는 길을 터줄 때 아이들의 언어능력이, 국어 능력이 늘어갑니다.

이 책은 지난 17년 동안 언어 교사로서의 저의 연구와 경험을 제 아이에게 적용해 보았던 과정의 기록입니다. 우리말 연습은 쉬워 보이지만 그다지 쉬운 일이 아니며, 당연해 보이지만 우리는 해 오지 않았습니다. 어떻게 하면 우리 아이들에게 일상의 말로써 언어적인 자극을 주며 아이의 언어능력을 키울 수 있을까요? 저는 이 책에서 그 질문에 답을 하고자 했습니다.

이 책의 <1부>에서는 아이가 태어나면서부터 일상에서 할 수 있는 부모와의 말 수업을 전반적으로 다루었습니다. <2부>에서는 어떻게 해야 아이들의 언어능력에 도움이 되는 읽기를 할 수 있는지에 대해 이야기합니다. <3부>에서는 학습에 있어서 입력과 출력이 어떻게 밸런스를 이루어야 하는지, 학습에 있어서 출력, 즉 표현의 중요성을 되짚어 보고 어떻게 하면 즐기며 표현할 수 있는지를 다루고 있습니다. <4부>에서는 말과 글이 어떠한 관계를 맺으며 서로 성장해 가는지 살펴보았습니다.

저는 학생들의 말을 늘려 나가듯 딸의 말을 키워 나가고자 했습니다. 아이에게 이런저런 언어적인 자극을 주며 아이의 말을 확장하고자 노력했고 찬란하고도 화려한, 다양하고도 설레는 우리말의 어휘 속에서 아이와 뒹굴고 놀이하며 즐겼습니다. 우리말로 사유하며 그 생각의 과정을 아이와 함께 마음껏 말과 글로 표현하는 시간을 보내 왔습니다. 이제 아이는 언어적인 모든 활동을 즐기며 언어를 이해하고 향유할 줄 알게 되었습니다. 앞으로도 아이는 저와 함께 일상에서 끊임없이 언어능력을 키워 나갈 것입니다.

그간 쌓아 온 저의 언어 교육적인 기술을 제 아이에게 적용해 보며 쓴 이 책이 한국어를 모국어로 받아들이며 살아갈 아이들에게, 그 아이들을 키워 나갈 부모님들께 많은 도움이 되길 바랍니다. 땅속에서 물을 기다리는 씨앗처럼, 그 물을 먹고 쑥쑥 자라날 새싹처럼 모든 아이들에게 잠재되어 있는 보석 같은 언어능력이 멈춤 없이 자라나길 바랍니다.

2020년 12월
신효원

차례

2부 아이와 책 읽기의 세계 속으로

3부 입력과 출력의 균형 맞추기

4부 집은 아이의 언어 교실이다

○ ○ ○

1부

아무 말 대잔치

1장
모든 것은 모국어에서 시작된다

○○○ **공부머리를 키워주는 기본 중의 기본은 모국어**

아이가 걷고 말을 하기 시작하면 부모의 마음은 조급해지기 시작합니다. 생의 기초적인 것들이 해결되었으니 이제 학습의 긴 레이스를 시작해야 할 것 같습니다. 내 아이가 남들보다 조금이라도 더 빨리, 뭐든 더 잘하기를 바랍니다. 한글도 빨리 뗐으면 좋겠고 외국어는 어릴 때 시작하면 할수록 좋다고 하니까 영어도 슬슬 시작해야 할 것 같습니다. 어디 그뿐인가요? 아이의 창의력과 사고력도 키워줘야 하는 시대이니 이런저런 관련 학습센터에도 보내야 할 것 같습니다.

모두가 다 하는 학습의 현장에서 나만의 교육관을 지키며 뚝심 있게 아이를 키워내는 것은 여간 힘든 일이 아닙니다. 아이가 걷고 말하기 전까지는 많은 부모가 "나는 아무것도 시키지 않겠다"하고 자신 있게 말하지만 아이가 어린이집이나 유치원을 다니면서 주변 아이들과의 비교가 시작되면 생각이 달라집니다. 영어 유치원을 보낸 친구네 아이가 영어를 술술 말하는 장면을 목격하게 되면 나만의 교육 철학은 한순간에 무너집니다.

'아무것도 시키지 않아도 될까?'

'친구들은 파닉스도 다 끝냈는데 우리 애는 A, B, C, D도 아직 다 모르네.'

'다른 집 애들은 100까지 다 세고 쓸 줄도 아는데 우리 애는 10까지도 겨우 세네.'

이런 비교에 따른 '늦음'의 걱정들은 아이가 다 클 때까지도 부모의 뒤를 졸졸 따라다닙니다.

이 중에서 영어의 경우를 한번 보겠습니다. 많은 수의 아이들은 한글을 떼고 난 직후, 혹은 그 이전부터 영어 교육을 받기 시작합니다. 영어 유치원을 다니는 아이들도 있고 영어 학원을 다니는 아이들도 있습니다. 그도 아니라면 엄마표 영어를 하기 시작합니다. 많이 들어야 좋다고 하니 영어 동요나 동화, 만화 영화를 하루 종일 틀어줍니다. 아이에게 딱히 해가 되는 것도 아닌데 마다할 이유도 없습니다. 그러나 이때 한 가지 유념해야 할 것이 있습니다.

아이가 숱한 모국어 단어를 받아들이고 엄청난 양의 한국어를 듣고 읽고 사용해 보며 눈부시게 발달하게 되는 그 시기에 한국어에 대한 노출이 영어 때문에 제한되어서는 안 된다는 것입니다. 영어 공부 때문에 한국어를 접하는 시간을 빼앗긴다면 그것은 아이에게 결코 학습적으로 어떤 면에서도 득이 되지 않습니다.

튼튼한 모국어 실력은 외국어 학습과 깊은 연관이 있습니다. 이뿐만 아니라 모국어 실력은 아이들의 지능 전반에도 큰 영향을 미칩니다. 한 연구에 따르면 양질의 모국어에 지속적으로 충분히 노출이 된 아이들이 그렇지 못한 아이들에 비해 지능이 더 높았으며 이후 학교 성적 역시 더 좋았습니다. 이러한 모국어 실력은 초기의 구어 능력에서 그 기반을 잡게 되는데, 만 3세의 구어 능력을 통해 만 5세 때의 읽고 쓰는 능력을 예측할 수 있었으며 만 5세 때의 구어 능력은 만 8세의 읽기 이해 능력에 직접적인 영향을 끼쳤습니다. 아동의 초기 구어 능력은 읽기 이해 능력 전반에 상당한 영향을 미치며 이는 성공적인 학습에의 결정적인 요소로 작용했습니다. 즉, 어린 시절에 양질의 모국어에 충분히 노출되어 모국어를 마음껏 사용해 볼 수 있는 환경이 아이들의 미래의 학습에 그 무엇보다도 중요하다는 것입니다.

○○○ 외국어를 잘하는 사람과 그렇지 않은 사람

캐리는 미국에서 온 학생이었습니다. 제가 이 학생을 만난 것은 한국어 5급 수업에서였습니다. 서양권 학생들에게 한국어 수업의 고급 단계는 '고통' 그 자체입니다. 수업의 단계가 높아질수록 문장 구조가 복잡해지고 한자 단어의 비중도 높아지기 때문이지요. 서양권 학생들의 모국어와 한국어는 구조도 달라서 가뜩이나 어려운데 더 복잡하고 꼬인 문장이 나오니 괴로울 수밖에요. 그래서 저는 여느 학기와 마찬가지로 미국에서 온 이 학생이 이해를 잘하고 있는지 아닌지, 수업을 잘 따라오고 있는지를 주의 깊게 살펴보며 학기를 시작했습니다.

이 수업에는 캐리와 같은 나이의 일본 여학생 마키가 있었습니다. 저는 사실 마키에 대해서는 별 걱정을 하지 않았습니다. 일본어는 아무래도 한국어와 유사한 부분이 많은 편이고 학생이 성실하기까지 했으니 큰 어려움 없이 학기를 잘 마치겠지 싶었거든요.

제 예상과는 달리 수업을 시작하고 얼마 되지 않아 뭔가 이상한 점을 발견하기 시작했습니다. 캐리가 마키보다 한자 단어가 상당수 포함되어 있는 읽기 지문을 훨씬 더 수월하게 이해하는 겁니다. 전체적인 맥락 파악은 물론이고 한두 개씩 나오는 한자 단어의 뜻도 정확하게 유추했습니다. 한자를 전혀 모르는 캐리가 한자 단어의 뜻을 단번에 알아내고 이해하는 와중에 마키는 단어의 의미 유추는커녕 글의 맥락도 제대로 파악하지 못하고 있었습니다. 심지어 사전에서 단어를 찾아보고도 "이게 뭐지?" 하면서 이해를 못 하는 것이었습니다.

처음에는 예습 유무의 차이라고 생각했습니다. 고급 수업은 워낙 어렵다 보니 보통은 학생들에게 예습을 권하는데 캐리라는 학생만 예습을 해 온 것이라고 여겼습니다. 그런데 이 둘의 차이가 계속되자 뭔가 궁금한 마음이 발동하여 어느 날은 예습을 하지 말고 학교에 오라고 했습니다. 예습을 하지 않고 온 날도 마찬가지였습니다. 제 단어 설명을 듣고 캐리는 바로 이해하는데 마키는 여전히 어리둥절한 표정이었습니다. 일본어와 유사한 발음의 한자 단어였음에도 불구하고 마키는 애매하다는 듯 고개만 갸우뚱하고 있었습니다.

이 둘의 차이는 글쓰기에서도 나타났습니다. 캐리는 탄탄한 구조로 자신의 생각을 논리정연하게 정리해서 쓰는 반면에 마키는 문장과 문장 간의 의미 연결이 전혀 되지 않게 글을 썼습니다. 도대체 뭘 말하고 싶은 건지 알 수 없을 정도로요. 한 문장을 지나 다음 문장으로 가는 순간, 맥락을 벗어난 내용이 나오는 바람에 무슨 말인지 이해할 수가 없어서 계속 처음으로 돌아가서 다시 읽어야 했던 겁니다. 사실 문장의 정확성만 따지자면 마키는 정확도가 매우 높은 문장을 썼습니다. 문장에서 철자나 문법의 오류를 거의 찾아볼 수 없을 만큼 완벽했기 때문이지요. 캐리는 사소한 문법 실수나 철자 실수가 간간이 보였습니다만 전체적으로 봤을 때 캐리의 글은 마키의 글과는 비교할 수 없을 만큼 잘 쓴 글이었습니다. 글뿐만이 아니었습니다. 인터

뷰에서도 이 두 학생의 질적, 양적인 차이는 어마어마했습니다.

○○○ 외국어를 잘하고 싶다면 모국어부터

이 두 학생의 격차는 매우 흥미로웠습니다. 한국어와 일본어의 구조가 비슷하기 때문에 일본인이 미국인보다는 한국어를 더 잘할 거라는 일반적인 예상을 깨뜨린 이 두 학생의 결과는 무엇 때문이었을까요? 이것이 궁금해진 저는 이런 한국어 실력의 차이가 왜 발생했는지 학생들과의 개별적인 면담을 통해 알아보기로 했습니다.

면담을 해 보니 그것은 바로 다름 아닌 학생들의 모국어 실력의 차에서 온 것이었습니다. 캐리는 학생 시절 내내 엄청난 양의 독서를 해 왔고 대학에서도 전공 책을 포함한 각 분야의 책들을 섭렵했던 학생이었습니다. 그뿐만이 아닙니다. 일상생활에서 영어로 말할 때도 상당히 품격있고 고급스러운 어휘와 표현을 사용했습니다. 또한 어렸을 때부터 글 쓰는 것을 좋아해서 꾸준히 많은 양의 글을 써 왔다고 했습니다. 그에 반해 일본 학생은 미디어 매체에서 그때그때 필요한 정보를 얻었고 본인 스스로 '책 읽기'와는 그리 가까운 사이가 아니라고 말했습니다. 글쓰기는 어린 시절 '숙제로 한 일기가 다'라고 했습니다.

외국어를 학습할 때, 대다수의 학생들은 모국어를 떠올리며 학습

합니다. 자국어와 외국어를 비교해 가며 이해하려고 하는 학생들이 많습니다. 사실 외국어를 처음 공부하기 시작할 때는 학생들의 모국어 실력에 따른 차이는 크게 드러나지 않습니다. 초급 단계에서 다루는 일상생활과 관련한 말은 누구나 다 사용하기 때문입니다. 그러나 단계가 높아질수록 숨겨져 있던 학생들의 모국어 실력은 외국어 실력의 차이로 그 모습을 오롯이 드러내게 됩니다. 모국어 실력이 떨어지는 학생들은 읽기 이해 능력과 자신의 생각을 표현하는 데 언어적 한계를 보입니다. 또한 외국어를 구사할 때 수준 높은 단어나 문장 구조를 사용할 수 없습니다. 자신의 모국어로도 고급스러운 표현을 사용해 본 적이 없기 때문입니다. 그래서 그 학생들이 수준 높은 외국어를 구사하기 위해서는 이미 높은 수준의 모국어를 구사하고 있는 학생에 비해 수십 배의 노력을 들여야 하거나 혹은 불행히도 고급 과정의 학습을 포기하게 됩니다.

타고나길 언어능력이 뛰어난, 외국어 학습에 특화된 재능을 가지고 있는 학생도 있지만 많은 경우 학생들의 모국어 구사 수준과 외국어 학습 결과는 비례합니다. 캐리와 마키의 예에서처럼 국적의 변수까지 뛰어넘는 외국어 학습 능력은 탄탄한 모국어의 실력에서 오는 것입니다.

2장
아이를 성장시키는 부모의 말

○○○ **아이의 말에도 수준 차이가 있다**

아이가 처음으로 말을 배우기 시작했을 때를 떠올려 보겠습니다. 아이가 언제 어떤 말로 말문을 틔우기 시작했는지 다들 기억하실 겁니다. 아이들은 어떤 우연에 따라 '엄마', '아빠', 혹은 '맘마'라는 단어를 자신의 최초의 말로 선정해 입 밖으로 꺼냅니다. 길고 긴 옹알이의 시간을 지나 처음으로 내뱉은 말! 그 말을 들었을 때의 감동을 아마도 많은 부모들은 잊지 못할 것입니다.

첫 단어의 사용을 성공적으로 마친 아이는 이제 조심스럽게 단어를 통해 의사소통을 시도합니다.

"이거", "저거", "물", "맘마"

뭐 이런 단어들로 말입니다. 단어만을 사용한 의사소통의 시간을 지나 아이는 짧은 문장을 구성하게 됩니다.

"물 줘."

"OO이 배고파."

이와 같은 과정을 거쳐 가며 아이의 의사소통 능력은 한층 더 정교하게 가다듬어집니다. 아이를 둘러싼 가족, 주변인들과 점차 무리 없이 말을 주고받을 수 있게 되는 것이지요. 그래서 우리는 생각합니다. 아이가 말을 배우는 것은 특별한 노력을 기울이지 않아도 되는 자연스러운 일이며 어떠한 신체적, 또는 정신적 어려움을 갖고 있지 않는 한 빠르고 늦음의 차이는 있되, 언젠가는 누구든 할 수 있는 거라고 말입니다. 그렇습니다. 사람은 이미 유전적으로 구어 능력에 관한 일정한 능력을 가지고 태어납니다. 그렇기 때문에 아이들은 특정한 언어 수업 없이도 모국어를 자연스럽게 받아들이고 사용하게 되는 겁니다.

이렇게 누구나 잘할 수 있을 것 같은 모국어인데, 아이가 어느 정도 성장을 하고 나면 아이마다 각기 말하는 내용과 방식에서 차이를 보이기 시작합니다. 문장 이상의 발화에 어려움이 없어질 무렵에는 모든 아이의 말이 비슷해질 것 같은데 오히려 그때부터 아이가 하는 말의 어휘와 표현의 구체성 또는 섬세함에서 수준 차이가 나타납니다. 아이가 하는 말에서 수준 차이가 나다니요? 거기서 거기일 것 같은데 도대체 뭘 보고 어휘와 표현에서 수준의 차이가 난다는 걸까요?

제 아이가 6살이 되었을 때의 일입니다. 유치원에서 하원한 아이와 여느 때와 같이 놀이터를 갔습니다. 놀이터는 아이들의 성향, 태도, 말투 등이 여과 없이 드러나는 곳이지요. 이 모든 것을 한 자리에서 관찰할 수 있는 곳이라서 아이가 노는 동안 저의 주 관심 분야인 '말'에 집중해서 들려 오는 아이들의 발화를 종종 관찰하곤 했습니다. 그때 마침 한 7살쯤 돼 보이는 아이가 자기 엄마에게 쪼르르 달려와서 놀이가 생각처럼 되지 않는 것에 대한 불만을 토로했습니다. 아이는 너무나도 화가 난 목소리로 말하기 시작했습니다.

"엄마, 엄청 짜증 나. 쟤네 진짜 짜증 나네. 아, 열 받아."

"어머, 애 다 컸네. 진짜 어른처럼 말한다."

주변에 모여 있던 엄마들이 그 말을 듣고 이렇게 웃어넘겼지요.

그러고선 얼마 지나지 않아 비슷한 또래로 보이는 한 아이 역시 자기 엄마에게 와서 불만을 이야기하기 시작했습니다. 이 아이는 앞선 아이와는 다른 무리에서 놀고 있던 아이였습니다.

"엄마, 서윤이랑 은서가 둘이서만 저기서 놀아서 나 너무 서운해. 내가 아까부터 계속 같이 놀자고 했거든? 그런데도 못 들은 척해서 정말 속상해."

차이가 느껴지시나요? 갈등의 온상지인 놀이터에서 흔히 일어나는 일, '쟤네 둘이서만 놀아요'의 상황을 두 아이가 이렇게도 다르게 표현했습니다. 어른(?)처럼 말을 했던 첫 번째 아이는 단어로 따지자면 8개, 두 번째 아이는 26개 가량의 단어를 사용해서 말했습니다. 비단 사용한 단어의 수뿐만이 아닙니다. 자신의 감정에 대한 표현을 첫 번째 아이는 '짜증나다', '열 받다'라고 표현한 반면에 두 번째 아이는 '서운하다', '속상하다'라고 표현했죠. 단어의 격이 다릅니다. 발화의 내용도 살펴볼까요? 첫 번째 아이는 무엇 때문에 내가 화가 났으며 어떤 상황이 있었는지에 대한 서술은 없습니다. 반면 두 번째 아이는 언제, 어떤 상황이 벌어졌는지, 자신의 현재 감정이 왜 생겼는지에 대해 명확하게 표현했지요.

말은 누구나 다 비슷한 과정을 통해서 배우는 것이 아니었던가요? 누구나 자연스럽게, 큰 노력을 들이지 않고도 배울 수 있는 것이 아니었던가요? 무엇이 저 아이들의 표현에 저렇게도 큰 차이를 불러일으켰을까요?

◦◦◦ 아이의 미래를 결정짓는 말의 '수준'

앞서 사람은 구어 영역에 관해서 일정 수준을 함양할 수 있는 능력을 타고난다고 말씀드렸습니다. 그러나 이것이 '누구나 노력 없이도 구어 영역에서의 최상의 상태를 가지게 된다' 또는 '완성된 상태의 구어 능력을 가지고 태어난다'라는 말은 아닙니다. '한계를 정할 수 없는 잠재력을 가졌다' 혹은 '말에 대한 최소한의 배선이 뇌에 그려져 있는 상태로 태어난다' 정도로 이해해야겠습니다. 그렇기에 말은 그 무엇보다 환경의 영향을 직접적으로 받습니다. 특히 언어 형성이 활발하게 일어나는 출생 후 3년간 아이가 받는 언어적 자극은 향후 아이가 구사하게 될 언어에 절대적인 영향을 미칩니다. 사람이라면 누구나 가지고 태어나는 이 최소한의 언어 배선은 경험에 따라 강화되기도 하고 약해지기도 합니다. 아이는 자라는 동안 <빈도의 법칙>에 의해서 가장 자주 접하는 사람, 가장 많은 이야기를 나누는 사람의 언어 수준을 그대로 받아들여 그것을 강화하게 됩니다.

이에 대한 아주 흥미로운 연구가 있습니다. 미국에서 진행된 이 연구에서는 성장 환경에 따라 아이의 어휘량이 달라진다는 결과를 내놓았습니다. 연구자들은 말을 시작하기 전인 생후 7~9개월 사이의 아이를 대상으로 그 아이가 실제로 말을 하게 되는 3세가 될 때까지 2년 반 정도의 기간 동안 종단 연구를 실시했습니다.

연구 결과 아이들은 부모의 말을 80퍼센트에 가깝게 그대로 흡수했습니다. 부모가 수준 높고 구체적이며 긍정적인 언어를 사용한 그룹과 그렇지 않은 그룹은 자녀가 3세가 되었을 때 그룹 간 어휘량의 차이가 상당했으며, 말의 양과 상호작용에서도 큰 차이가 나타난다는 결과를 보여주었습니다. 아이들의 이런 말의 격차는 일시적인 것이 아니었습니다. 하위 그룹의 아이들은 연구가 끝나는 시점까지도 그 격차를 유지하며 어휘력의 부진을 보였습니다. 아이들의 어휘 성장 속도의 차이는 초등학교에 입학한 이후에도 계속되었으며 이는 결국 학업 성적과도 깊은 상관관계를 보였습니다. 부모가 아이의 생의 초기에 어떤 언어를 어떻게 사용하는지가 아이의 미래에 결정적인 역할을 하는 것입니다.

∘∘∘ 부모의 말이 아이의 말을 만든다

자, 다시 우리의 이야기로 돌아와 보겠습니다. 아이가 혼자 앉기 시작할 무렵부터 혹은 그 이전부터 많은 부모들은 아이에게 책을 읽어주는 데 열을 올립니다. 보통 '누구네 집 누구는 어렸을 때 책을 많이 읽어줬더니 한글을 빨리 뗐다더라', '책을 많이 읽어주면 애가 말이 빨라진다더라'라는 이유로 책 읽기를 시작합니다. 아이에게 책을 읽어주는 것은 아무리 강조해도 지나치지 않을 만큼 중요한 일입니다. 그런데 문제가 하나 있습니다. 많은 부모들이 몇 권의 책 읽기로 아이의 언어 발달에 관한 부모의 소임을 다 했다고 생각한다는 것입니다.

한번 생각해 보겠습니다. 아이에게 책을 읽어주는 시간은 얼마나 될까요? 짧으면 3분, 길어봐야 10분입니다. 특히 말을 배우기 전의 아이들에게 3분은 가만히 듣고 앉아 있기 너무나도 긴 시간입니다. 책을 읽어주는 몇 분, 혹은 몇 시간보다 훨씬 더 많은 시간 동안 내 아이와 그저 평범한 일상을 보내고 있다는 것을 기억해야 합니다. 이 평범한 일상 속에서 오고 가는 말들에 아이들이 얼마나 귀를 쫑긋 세우고 귀 기울이고 있는지, 그 과정에서 얼마나 많은 언어적인 의미를 파악하고 또 익혀 가고 있는지를 말입니다.

아이의 미래에 결정적인 역할을 하는 언어는 똑같아 보이는 하루하루 속에서 만들어집니다. 이것이 바로 아이의 언어 성장을 생각할 때 그 무엇보다도 부모의 말부터 점검해야 하는 이유입니다. 그리하여 일상 속에서의 내 말이 얼마나 구체적인 서술을 하고 있는지 의식적으로 살펴보아야 하는 것입니다.

어느 날 제 아이가 밥을 먹다가 이런 말을 했습니다.

"엄마 말은 내 영양분이야. 나는 엄마 이야기가 좋아."

물론 아이는 '엄마가 따뜻한 말을 해 줘서 좋다'라는 말을 이렇게 표현한 것입니다만 저는 이 말을 이렇게 해석하고 싶어졌습니다. '부모의 말은 아이의 말을 키우고 생각의 깊이를 키워 나가게 하는 자양분'이라고 말입니다. 부모의 언어로 아이를 채워 나가는 것, 그것이 아이가 성장할 수 있는 힘일 것입니다.

ㅇㅇㅇ 옹알이로부터의 대화

아이가 옹알이를 시작하면서부터 아이와 대화를 하기 시작했던 것으로 기억합니다. 아이의 옹알이를 처음 들었을 때, 저는 학교에서 1급 학생들을 가르칠 때를 떠올렸습니다. 옹알이를 하는 아이와 한국어라는 언어를 처음 배우기 시작한 학생들과 뭔가 유사한 느낌을 받았기 때문입니다. '한국어'라는 낯선 언어를 배우기 위해 세계 각국에서 수많은 외국인 유학생들이 한국으로 옵니다. 자국에서 어느 정도 한국어를 배워 오는 학생도 있지만 '낫 놓고 기역자도 모르는' 학생들도 허다합니다. 저의 동선을 눈으로 따라다니며 옹알이를 하는 제 딸을 볼 때 저는 마치 한국어의 '한'자도 모르는 학생들이 교실에 앉아, 교사인 저의 표정과 제 입에서 흘러나오는 생소한 한국어를 예의주시하며 보고 듣는 것과 같은 느낌을 받았습니다. 그리하여 저는 제 딸이 옹알이할 때부터 직업의식을 발휘하여 열심히 말하기 수업을 하기 시작했습니다. 말하기 수업이라고 하면 뭐 대단한 것이 있을 것 같지만 실상은 그저 아이의 눈빛을 보고 아이가 말하려고 하는 것을 예측해서 단어나 간단한 문장으로 바꾸어 주는 작업이었습니다.

아이와 몇 달을 지지고 볶다 보면 아이가 하는 울음과 옹알이가 대체로 무엇을 뜻하는지 양육자는 알게 됩니다. 아이가 배가 고파 옹알거리면서 칭얼댑니다. 그럴 때 아무 말 없이 우유를 타 주는 것보다, 그냥 미소만 지으며 우유를 물려 주는 것보다 뭐라도 한마디 해주는 것이 좋습니다.

"배가 고파서 울었구나. 엄마가 우유 줄게."

"기저귀가 불편해서 울었어? 엄마가 기저귀 갈아 줄게."

말을 못 하는 아이가 엄마에게 칭얼거림이나 옹알이로 의사를 표현하면 그걸 대충이라도 알아채서 말로 바꾸어 주는 겁니다. 아이가 표현하고 싶은 말을 '이 말이 하고 싶었던 거지?'라는 의미를 담아 부모가 대신 표현해 주는 것이 아이가 말을 배우는 과정의 시작인 겁니다.

아이가 한두 개의 단어를 말할 수 있게 되면 옹알이의 의도를 알아채지 못해 실랑이를 벌여야 할 때보다 부모가 훨씬 수월해집니다. 이때가 되면 많은 부모가 아이의 요구를 알아듣고 바로 문제 상황을 해결해 줍니다. 아이가 "물!"이라고 이야기하면 물을 바로 가져다주는 거지요. 혹은 '물'이라는 단어를 아이가 말한 것이 그저 기특하고 귀여워서 아이의 어설픈 발음을 흉내 내 부모가 따라하기도 합니다. 이렇게 되면 아이는 더 복잡한 구조로 된 말을 배울 기회를 잃습니다. 아이가 부모의 말을 듣고 단번에 복잡한 구조의 문장을 구사하지는 못하지만 '아, 이럴 때 이렇게 말하는 거구나'라는 것을 듣고 어렴풋이 알게는 해 줘야 합니다.

"물!"
"물? 목이 말라?"
"응."
"아, 목이 말라서 '물 주세요'라고 했구나?"
"응."

"그래, 엄마가 물 얼른 줄게. 잠깐만 기다려."

이런 패턴의 대화는 아이가 별을 떠올 때끼지라고 생각하지만 그렇지 않습니다. 아이의 발화를 더욱더 구체적이고도 정교하게 만들기 위해서 아이의 의도를 정리해서 부모가 다소 복잡한 구조로 바꾸어 다시 한번 되묻는 것은 아이의 말하기 성장에 큰 도움이 됩니다. 이런 방식의 대화를 지속적으로 유지해 나가야 한층 더 명확하게 문장을 구사할 수 있는 아이로 자라날 수 있는 것입니다.

3장
아이의 말을 되물어 보며 말하기

○○○ **아이 말에 한마디만 더**

　아이가 문장 수준으로 말하기 시작할 때 가장 중요한 것은 아이가 새로운 말을 배우는 것의 기쁨, 주고받으며 말하는 소통의 기쁨을 느낄 수 있게 부모가 언어 자극을 주는 것입니다. 언어 자극은 대화 속에서 가장 풍부하게 일어납니다. 아이의 말을 듣고 부모가 '응, 그랬구나'라고만 반응하면 대화는 거기서 끝나기 쉽습니다. 대화의 시작은 바로 관심입니다. '너랑 계속 이야기하고 싶어', '그래서 어떻게 되었어?'라는 관심의 태도를 아이에게 보여줘야 대화가 이어집니다. 아이가 한마디라도 더 말할 수 있는 장을 열어주는 것, 아이에게 '이런 말도 있단다'를 보여주는 것, 아이의 생각과 감정을 조금이라도 더 자세히 표현할 수 있게 도와주는 것, 그것이 바로 부모가 해 줄 수 있는 최고의 언어 자극입니다.

아이와 대화를 하라는데 무슨 이야기를 어떻게 해야 할지 도통 모르겠다는 분들이 계실 겁니다. 어떻게 말해야 아이에게 언어적인 자극을 줄 수 있는지 도무지 감이 안 오실 수도 있습니다. 도대체 아이와 무슨 말을 어떻게 해야 할까요?

아이의 말을 듣고 나서 하고 싶은 말이 있으면 그 말을 하면 됩니다. 그런데 무슨 반응을 해야 할지 떠오르지 않을 때가 있습니다. 그럴 때는 일단 아이의 말을 반복해 보면 됩니다. 아이의 말을 되물어 보는 거죠. 이때 똑같이 되물어 보는 것보다는 한마디씩 덧붙이는 게 더 좋습니다. 덧붙여 되물어 보면 아이가 그에 대한 대답을 알아서 합니다. 부모는 아이가 말하는 대로 그저 따라가기만 하면 되는 것입니다.

아이가 8살이 되던 어느 날 원하는 대로 그림이 그려지지 않는다며 잔뜩 화가 났습니다. 침대에 가서 눕더니 데굴데굴 구르며 한참을 베개에 분풀이를 하더군요. 좀 잠잠해졌길래 슬쩍 말을 걸었습니다.

엄마: 화가 좀 풀렸어?
아이: 응, 용암이 나왔어.

엄마:	뭐라고? 용암이 콸콸 나왔다고? 와, 그 정도로 화가 났었어? 그래서 이제 좀 마음이 시원해졌어?
아이:	응, 이제 다시 할 힘이 생겼어.
엄마:	다시 그릴 힘이 생긴 거야? 용암이 콸콸 분출되더니 힘이 생겼구나.
아이:	응, 다시 해 볼게.

저는 깊게 생각할 것도 없는, 상황에 대한 단순 질문으로 말을 걸었습니다. 그랬더니 아이가 화가 난 자기의 마음을 '용암이 나왔다'라고 재미있게 표현했습니다. 만약 여러분의 아이들이 '용암이 나왔다'라는 대답을 했다면 뭐라고 반응을 할 것 같습니까? 아무 반응을 보이지 않을 수도 있고 '표현이 재미있다'라고 칭찬을 할 수도 있겠습니다.

저는 일단 '용암이 콸콸 나왔어?'라고 되물었습니다. 되물을 때 '콸콸'이라는 의성어를 한번 덧붙여 봤습니다. 이렇게 아이의 말을 되물어 볼 때 의성어나 의태어를 덧붙이면 아이는 신이 납니다. 소리가 재미있기 때문이기도 하지만 부모가 자기의 말을 이렇게 꾸며서 얘기하니 일단 '내 말에 관심이 있다'라고 생각합니다. 그러니 아이는 흥이 납니다. '내 말에 내가 세상에서 제일 사랑하는 사람이 이렇게 관심을 가지고 반응을 하네?' 싶으니까요. 그래서 더 즐겁게 말을 이어 갑니다.

저는 "용암이 콸콸 나왔다고?"라고 되묻는 데서 멈추지 않고 질문을 하나 더 덧붙여 봤습니다. 이제 마음이 좀 시원해졌냐고요. 그랬더니 아이가 이렇게 대답을 했습니다. "이제 다시 할 힘이 생겼어"라고 말입니다.

자, 이제 제가 다시 물었습니다. "다시 그릴 힘이 생긴 거야?"라고요. 그런데 이 부분에서 뭔가 좀 어색한 것을 발견하셨나요? '용암이 콸콸 분출되더니 힘이 생겼구나'라는 부분이요. 아까 제 아이와의 대화 예시를 보고 '분출? 어, 이상한데?'라고 느끼셨을 겁니다. '분출되다'라는 단어는 아이와의 일상 대화에서 잘 사용하지 않기 때문이죠. 그런데 저는 이 '분출하다'라는 단어를 다분히 의도를 갖고 사용했습니다.

요즘 어휘력에 대한 관심이 굉장히 높아지고 있습니다. '어휘력이 모든 것이다'라는 취지의 책들이 쏟아져 나오고 있지요. 그렇습니다. 어휘력은 정말 중요합니다. 어휘력이 사고의 깊이를 좌우한다는 말이 있을 만큼 다양한 어휘를 안다는 것은 아이의 이해력이나 표현력에 상당한 영향력을 끼치는 것입니다. 앞서도 일상생활 속에서 아이들은 수많은 언어에 노출되고 그것은 아이들에게 지대한 영향을 끼친다고 말씀드렸습니다. 그래서 저는 이렇게 일상생활에서 가끔씩, 제가 그 순간에 생각나는 한도 내에서 아이가 모를 만한 수준 높은 어휘를 툭툭 던져봅니다. '이런 말도 있단다'를 그저 가볍게 보여주는 것이지요. 이 '분출하다'라는 단어도 그 순간에 일부러 쓱 써 본, 의도를 가진 일종의 어휘 학습 장치였습니다.

용암과 관련된 대화는 위에서 일단락 마무리가 되었습니다. 그런데 3분가량이 지났을까요? 아이가 다시 그림 그리기에 집중해서 그림을 그리던 중에 갑자기 저에게 질문을 했습니다.

아이:　엄마, 근데 분출이 뭐야?

엄마:　아, 용암 분출할 때 분출?

아이:　응, 아까 그거.

엄마:　아, 그거? 분출은 물 같은 게 갑자기 밖으로 '슝'하고 나오는 걸 말해.

아이:　아, 그래?

이렇게 아이는 생활에서 단어를 배워 나갑니다. 아이는 이전의 대화에서 저의 '분출'이라는 단어를 듣고 '어, 저게 뭐지?'라고 생각을 했던 모양입니다. 다음에 이어진 대화 때문에 질문을 할 타이밍을 놓쳤던 것이지요. 이렇게 타이밍을 놓쳐서 모르는 단어를 물어보지 못하고 잊고 지나칠 때도 많습니다. 그런데 아까 궁금했던 그 단어가 기억나면 아이들은 모르는 단어에 대해서 물어봅니다. 그때 부모가 가볍게 설명을 해 주면 됩니다.

저는 수업에서 수많은 단어를 학생들에게 설명을 하는데요, 재미있는 것은 학생들에게 보다 아이에게 설명해 줄 때가 훨씬 더 쉽습니다. 외국인 학생들은 성인이라 한국어만 모른다 뿐이지, 어린아이들보다 알고 있는 상식이나 지식, 경험의 범위가 넓은 데도 불구하고 단어의 의미를 이해하는 데 품이 많이 듭니다. 그런데 아이들은 대충 설명해 줘도 기가 막히게 알아듣습니다. 아이들의 언어 직관력은 이렇게도 놀랍습니다.

아이와의 대화를 하나 더 살펴볼까요? 이번엔 아이와 길을 걸어가다가 제가 장난을 쳤습니다. 이제 막 초등학생이 되어 뿌듯함을 감추지 못하는 아이에게 툭툭 치며 말했습니다.

엄마: 초등학생 언니~ 멋진 언니~ 같이 가.

아이: 히히. 나 이제 언니야. 그지?

엄마: 그럼, 멋있는 언니가 됐지.

아이: 근데 난 학교에만 가면 쿵닥쿵닥해.

엄마: 쿵닥쿵닥해? 마음이?

아이: 응, 마음이 막 그래.

엄마: 그래? 어떤 쿵닥쿵닥인데?

아이: 음, 오늘 학교에 가면 뭐할까, 막 궁금한 쿵닥쿵닥이야.

엄마: 아, 설레는 쿵닥이구나?

아이: 응, 그거 말고 또 있어. 점심 먹을 때도 쿵닥쿵닥해.

엄마: 점심시간 되면 쿵닥해? 메뉴가 기대돼서?

아이: 아니, 점심시간 지나면 엄마 금방 보니까 콩닥하지.

엄마: 아, 엄마 보니까 콩닥콩닥하는 거야? 엄마랑 똑같네.

아이: 쿵닥쿵닥, 콩닥콩닥, 히히.

별것 없는 평범한 대화입니다. 아이가 '학교에만 가면 쿵닥쿵닥하다'고 말했을 때 부모가 '아, 그래? 그렇구나.'로 끝나면 대화가 보통 끝이 납니다. 그런데 '마음이 쿵닥쿵닥해?'라고 아이의 말을 똑같이 되물었지요. 이렇게 되물음으로써 아이와의 대화가 이어집니다. 그리고 조금 더 자세한 설명을 요구했어요. '아이가 쿵닥쿵닥하다'라고 말했을 때 거기서 그냥 끝내지 않고 학교에서 벌어지는 많은 상황 중에서 어떤 순간에 쿵닥쿵닥하는지를 물어본 것입니다. 그 질문에 아이가 조금 더 구체적으로 상황을 설명했습니다.

아이의 말을 듣고 아이에게 '상세 서술'을 유도하는 것은 매우 의미 있는 일입니다. 아이가 자기가 하는 말을 통해서 자신의 감정이나 생각을 표현할 수 있는 기회를 주는 것이기 때문이죠. 간혹 물어봤는데 아이가 '잘 모르겠다'라고 일관하며 대답을 피할 때도 있습니다. 그럴 때는 부모가 선택지를 주면 됩니다. 예를 들어 아이에게 "어떤 쿵닥쿵닥인데?"라고 물었을 때 아이가 "잘 모르겠는데"라고 대답했다고 합시다. 아이가 잘 모르겠다고 하면 부모가 "음, 설렐 때 쿵닥쿵닥이야? 아니면 막 긴장될 때 쿵닥쿵닥이야?"라고 물어보세요. 그럼 아이는 그 둘 중에서 고르면 되니 훨씬 더 부담감 없이 말할 수 있게 되지요. 표현이 어려운 아이들에게는 이렇게 선택지를 주면서 대화를 유도하다 보면 어느새 아이도 부모를 따라 조금 더 구체적인 말을 하게 됩니다.

앞선 두 대화에서 보셨다시피 제가 한 것은 아이의 말을 되물어

보고 맞장구를 친 것뿐입니다. 되물어 볼 때 의성어나 의태어를 사용한 것, 다소 어려운 단어로 바꿔서 흘리듯 얘기해 본 것, '네 이야기가 재미있어 죽겠어. 너무 궁금한데 다음 얘기도 해 줄래?'라는 마음으로 구체적인 설명을 요구한 것이 다입니다. 이런 대화 속에서 아이는 새로운 단어도 배우고 자신의 감정도 한 번쯤 더 생각해서 말하는 연습을 할 수 있었습니다. 두 번째 대화에서는 '쿵닥쿵닥'에서 끝날 수도 있었던 이야기가 학교에 대한 궁금함, 엄마에 대한 그리움의 감정까지 더해져서 자세한 이야기로 확장이 되었죠. 또 아이가 마지막에는 '콩닥콩닥'이라고 음을 바꿔서 말합니다. 이것이 바로 표현의 즐거움입니다. 서로의 감정을, 생각을 주고받고 소리로도 즐기는 말! 이렇게 아이의 말을 되물어 보기만 해도 아이와의 대화가 이렇게나 확장될 수 있는 것입니다.

◦◦◦ 아이의 말을 구체적으로 바꿔 말해주기

언어 수업에서 학생들은 숱한 오류 문장을 만들어 냅니다. 재주가 용하다 싶을 정도로 만든 각양각색의 틀린 말들이 한 시간에도 수십 개씩 쏟아져 나옵니다. 그래서 외국어 교육 분야에서는 학생들의 오류를 수정할 수 있는 효과적인 방법에 대한 여러 논문이 나와 있습니다.

오류를 수정하는 대표적인 방법으로는 틀린 말에 대해 '틀렸다,

아니다'와 같은 지적을 하면서 고치는 직접적인 수정 방법과 학생들이 스스로 오류를 알아챌 수 있도록 틀린 말을 바꿔 다시 말해주는 방법이 있습니다.

수업에서 흔히 발견되는 직접적인 오류 수정의 예를 한번 살펴보겠습니다.

> 학생: 저는 칠 살이었을 때 학교에 갔어요.
>
> 교사: 칠 살? 칠 살이 아니라 일곱 살 때요.
>
> 학생: 아, 네. 일곱 살 때 학교에 갔어요.

이번에는 틀린 말을 고쳐 다시 말해주는 간접적인 수정의 예를 볼까요?

> 학생: 단어를 잊어버렸어요. 다시 배우해야 해요.
>
> 교사: 아, 단어를 다시 외워야 해요?
>
> 학생: 아아, 다시 외워야 해요.

저는 아이의 말도 학생들의 오류를 수정해 주듯 바꿔 주었습니다. 그러나 아이의 말에서 수정해 줘야 할 것은 외국인 학생들의 오류와는 결이 다릅니다. 사실 아이의 말에는 조사나 문법에의 치명적인 오류는 없습니다. 아이의 말을 수정해 준다는 것은 틀린 부분을 고쳐 준다기보다는 마무리되지 않은 문장을 완결해 주는 것, 아이의 발화를 확장해 주는 데 목적이 있겠습니다.

저는 "이렇게 말하는 게 아니라 저렇게 말하는 게 맞아", "이건 아니고 저게 맞는 거야"라는 직접적인 수정은 거의 하지 않습니다. 아이의 성격에 따라 다르겠습니다만 저희 아이의 경우는 상처도 잘 받고 민감한 편이라 "너, 방금 한 말 틀렸어. 다시 해 봐"라는 지적은 아이가 편안하게 발화를 이어 나가는 데 방해물이 될 것 같아서였습니다.

아이가 6살이 되던 해였습니다. 할머니네 댁에 갔다가 헤어지는 길에 할머니가 아이에게 용돈을 손에 쥐어 주며 말씀하셨습니다.
"이따가 기차역에서 엄마한테 맛있는 거 사 달라고 해라."
기차역에 도착한 아이는 편의점 앞에 죽 늘어놓은 스티커 책과 작은 장난감에 넋을 잃었습니다. 그리고는 제 손을 끌어당기며 이렇게 말했습니다.

아이: 엄마, 저거.

엄마: 저거?

아이: 응, 저거.

엄마: 저걸 사고 싶다고?

아이: 응, 사줘.

엄마: 똑같은 거 집에 많은데.

아이: 아까, 할머니가 말했어. 할머니가.

엄마: 아, 아까 할머니가 맛있는 거 사 먹으라고 용돈 주신 걸로 사 달라는 말이야?

아이: 응, 아까 할머니가 나 사라고 돈 주셨으니까 엄마가 그걸로 사 줘야 돼.

이 대화에서 아이는 '저거'라고만 말했지만 사실 부모는 '저거'라고 아이가 가리키는 순간 무슨 말을 하고 싶은 건지 훤히 다 압니다. 이때 "안 돼, 저거 집에 많아"라고 말하는 것보다 네가 말하고 싶은 내용이 저걸 사고 싶다는 것인지 말로 확인해 주는 게 좋습니다. 그 말에는 정확하게 말로 표현하라는 뜻도 포함되어 있는 것입니다. 마음이 급해진 아이는 "할머니가 말했어, 할머니가"라고 다짜고짜 말합니다. 그 말 다음에 이어진 제 말은 다소 구구절절하고 '저렇게까지 자세히 말해야 되나?' 싶을 정도의 구체성을 띄고 있습니다. 그런데 아이는 다음 말에서 보란 듯 구체적이고 정확한 자기 의사를 말로 표현했습니다. 아이들과의 대화에서는 이렇게 불분명한 발화를 구체적으로 바꿔 주고 다시 말할 수 있는 자연스러운 대화 환경을 마련해 주는 것이 중요합니다.

아이의 불분명한 발화를 구체적이고도 정확하게 표현하도록 하는 것에 대한 긍정적인 효과를 보여준 연구가 있습니다. 프랑스의 한 유치원에서 아이들의 언어 발달에 관련된 실험을 했는데요, 교사들은 의도적으로 아이들과의 대화에서 문법적으로 정확한 문장, 문맥에 맞는 어휘, 내용 생략을 하지 않은 구체적이고도 복잡한 구조의 문장을 구사했습니다. 교사들은 지나치다 싶을 정도로 모범적인 언어 구사를 했고 아이들이 분명하지 않은 표현을 사용할 때면 그것을 수정해 주었습니다. 그 결과 아이들은 자신의 생각을 논리적으로 정리해서 그것을 구체적이고도 논리정연하게 표현하게 되었습니다. 아이들에게 정확하고 구체적으로 말하게 훈련한 결과, 아이들의 언어적 능력뿐만 아니라 여러 주요 인지 기능들까지 발달하게 된 것입니다.

4장
아이는 새로운 말을 좋아한다.

○○○ **새로운 말은 아이에게 새로운 장난감**

친구의 생일파티에 초대받은 아이가 생일카드를 썼습니다. '초대
해 줘서 고맙다', '생일 축하한다', 뭐 이런 축하카드의 단골 멘트를
쓰기 시작했습니다. 그리고선 카드의 말미에 이렇게 쓰더군요. '그토
록 고마웠어'라고요.

엄마: '그토록'이라는 단어를 썼네? 멋있다!

아이: 응, 전에 책에서 봤어. 좀 멋진 느낌이야.

엄마: 맞아. 멋있는 느낌이 드는 말이야. 근데 여기서는 '그동안'이 더

어울릴 것 같아.

아이:　왜? 나는 '그토록'을 쓰고 싶은데.

엄마:　'그토록'은 '그렇게까지나'라는 느낌이 들어서.

아이:　아... 그래? 근데 이 말 대신 쓸 수 있는 말 없어? 다른 말 쓰고 싶은데. '그동안'은 너무 많이 써 봤는데.

　아이들은 새로운 말을 좋아합니다. '그동안'이라는 단어는 너무 오래 가지고 놀아서 싫증난 장난감이었던 겁니다. 새 장난감을 갖고 싶어 하듯 아이들은 새로운 말을 원합니다. 외국어를 학습하는 학생들에게 새로운 단어는 지치지 않고 올라오는 두더지 게임의 두더지와 같습니다. 어제 것도 겨우 외웠는데 오늘 새로운 단어가 또 나오다니 '이제 좀 그만 나와라' 소리가 절로 나옵니다. '어디서 어떻게 튀어나올까?' 학생들에게 새 단어는 일종의 두려움의 대상이죠. 그런데 모국어를 습득하는 아이들에게 이 두더지 게임은 지쳐서 그만하고 싶은 게임이 아닙니다. '왜 이렇게 안 나와? 빨리 나와라'하고 기대되고 궁금해 죽겠다는 마음입니다. 단순하고도 순수한 즐거움이죠. 그리고는 새로운 말이 나오면 기다렸다는 듯 덥석 붙잡습니다.

　그렇기에 아이들에게 새로운 말은 수시로 제공되는 것이 좋습니다. 외국어 학습자에게는 단계에 따라 제시되는 어휘가 철저하게 나뉘어 있지만 모국어를 습득하는 아이들에게 그런 기준은 크게 필요하지 않습니다. 물론 아이의 수준과 차이가 많이 나는 책을 읽힌다거나 아이에게 맞지 않는 단어 리스트를 주며 외우라고 한다거나 아이와의 대화에서 어려운 단어만을 사용한다면 그것은 문제가 되겠습니다만 한두 개의 단어를 상황에서 자연스럽게 배우는 것은 아이들의 어휘력 증진에 오히려 큰 도움이 됩니다.

아이들은 의외로 수준 높은 단어를 좋아합니다. 어려운 단어를 배우는 것에 대한 거부감이 없지요. '아, 그렇구나, 그런 뜻이구나'하고 수월하게 받아들일 뿐만 아니라 새로운 단어를 알게 되는 과정을 굉장히 즐기기까지 합니다. 프랑스 언어 교육자인 셀린 알바레즈는 자신의 연구에서 아이들은 유식한 말을 아주 좋아하기 때문에 정육면체, 원뿔, 원기둥과 같은 용어들을 좋아하며, 단순히 '식물'이라고 뭉뚱그려서 말하는 것보다 고무나무, 치자와 같은 구체적인 명칭을 배우는 것을 즐긴다고 했습니다. 이런 어휘들이 아이들의 지능을 자극했다고도 밝혔지요.

이처럼 아이들은 새롭고도 유식해 보이는 말을 배우는 것을 좋아합니다. 알게 된 단어를 곧잘 잊어버리기도 합니다만 쓰기도 곧잘 합니다. 새롭게 배운 단어를 쓸 만한 상황이 되면 주저하지 않고 써 보는 것입니다. 틀리는 것에 대한 두려움이 없거든요. 심지어 새로운 단어를 사용해 보고서는 스스로를 굉장히 뿌듯하게 여기기도 합니다. 어른이 된 것 같은, 자신이 대단한 사람이 된 것 같은 느낌이 들어서랄까요.

어느 날은 아이가 저에게 친구에게 별로 좋지 않은 얘기를 했다면서 걱정을 늘어놓았습니다.

아이: 엄마, 나 민서한테 잘못한 일이 있어.

엄마: 뭔데?

아이: 나쁜 말을 해 버렸어.

엄마: 무슨 나쁜 말을 했어?

아이: 아니, 어제 그네를 타는데 민서한테 유치하다고 그래 버렸어.

엄마: 그래? 유치하다고 그랬어?

아이: 응, 기분 나빴겠지?

엄마: 그러게. 민서 입장에서는 기분 나쁘고 당황스러웠겠네. 그런데
        왜 유치하다고 그랬어?

아이: 사실 진짜 그렇게 많이 유치하지는 않았는데 얼마 전에 엄마한테
        유치하다는 말 물어봤잖아? 그 말 한번 써 보고 싶었는데 딱 그
        상황이 생겨서...

아이는 새로운 말을 알게 되면 그 말을 이렇게 당장 써 보고 싶어
합니다. 비록 아이가 새로운 말을 써 봤던 그 상황이 그리 적절치는
않았지만 말입니다.

아이가 새로운 말을 얼마나 뚝딱뚝딱 잘 쓰는지 또 하나의 예가
있습니다. 아이가 장난감을 또 늘어놓았길래 한소리를 했습니다. 새
장난감만 책상 위에 올려 두고 좀 오래된 장난감은 방바닥에 떨어뜨

려 놓았더군요.

엄마: 토끼들은 책상 위에 예쁘게 올려져 있는데... 아이고, 저 친구는 찬밥 신세네.

아이: 찬밥 신세? 그게 뭔데?

엄마: 따뜻한 밥을 주면서 소중하게 대하는 게 아니라 찬밥 주면서 함부로 대한다는 뜻이야.

아이: 아...

제 얘기를 듣더니 아이는 민망한 듯 바닥에 떨어져 있던 장난감을 쓱 주워 책상 위로 올려 놓았습니다. 그리고 한 10분이 지났을까요? 아이가 저를 부르더군요. 제가 바로 갈 수 없는 상황이라 잠깐 기다리라고 하고 일을 마치고선 아이가 있는 곳으로 갔더니 아이가 뾰로통해져서는 저한테 이렇게 말을 했습니다.

"내가 엄마 한참 불렀는데... 일한테 내가 졌네. 내가 찬밥 신세네."

아이는 10분 전에 알게 된 새로운 표현을 이렇게 적절한 상황에 쓴 것입니다. 아이는 뭔가를 끄적일 때, 뭔가를 이야기할 때도 늘 새로운 말을 갈구합니다. "내가 이런 뜻으로 말하고 싶은데, 쓰고 싶은데 좋은 말 없어?"라고요. 새로운 장난감을 사서 장난감 박스를 뜯어 보는 두근거림, 새 장난감으로 놀이를 해 보는 즐거움이 일상의 말

속에서도 '말 장난감'으로 그대로 재현되는 것입니다.

○○○ 아이에게 줄 수 있는 새로운 언어 자극

어떻게 하면 아이를 즐겁고도 새로운 말의 세계로 이끌 수 있을까요? 가장 쉽게 생각할 수 있는 방법은 책 읽기입니다. 책을 읽음으로써 새로운 단어와 만나는 것입니다. 그런데 책 속에서 새로운 단어를 접하는 것보다 더 좋은 방법이 있습니다. 그것은 바로 생활 속의 대화입니다.

책에서 만나는 단어는 지금 당장 내 필요에 의한, 내가 써 보는 말에서 나오는 단어가 아닙니다. 나의 이야기가 아닌 책 주인공의 이야기 속에 등장하는 단어지요. 그렇기에 생활의 대화가 중요합니다. 평소 아이와의 대화에서 새로운 언어 자극을 가능하면 많이 줘야 합니다. 새로운 언어 자극을 계속 받은 아이들일수록 '말을 배워' 재미를 알아서 더 다양한 '새로운 말'을 원하기 때문입니다. 편안하고도 익숙한 일상에서 만난 새로운 말을 이해하고 또 사용해 보는 과정에서 아이는 언어에 대한 이해 감각, 적용 능력을 키워 갑니다.

자, 그럼 이제 일상 대화에서 아이에게 언어 자극을 줄 수 있는 방법을 알아보겠습니다. 앞장에서 언급했던 것처럼 대화에서 새로운 표현, 다소 어려운 단어를 자연스럽게 한마디씩 던져 주는 방법이 대표적이라고 할 수 있겠습니다. 앞장에서는 아이와 '용암이 나오다'라는 표현을 얘기하다가 '나오다'를 '분출하다'로 바꿔서 말해줬던 것을 기억하실 겁니다. 앞에서는 다소 난이도가 있는 단어를 제시함으로써 아이에게 언어 자극을 주었다면 이번에는 풍성하고 다양한 표현과 관련하여 언어 자극을 줬던 대화를 한번 살펴보겠습니다.

아이가 7살 때, 저와 아이는 길을 걷다가 우연히 국수집을 발견했습니다. 마침 국수를 먹고 싶다는 아이와 그곳에서 식사를 하기로 결정하고 차례를 기다리고 있었습니다.

아이:　　엄마, 여기 줄이 정말 기네. 인기가 많은 집인가 봐.

엄마:　　응, 그런가 봐. 얼마나 맛있을까?

아이:　　솜사탕 맛? 솜사탕 맛 어때?

엄마:　　오, 솜사탕 국수? 색다른데? 달콤하고 보들보들한 국수인가? 여기 국수도 솜사탕 맛일까?

아이:　　아, 그랬으면 좋겠다. 근데 아닐 것 같아. 국수는 원래 짠맛이 나잖아.

엄마:　　응, 하긴. 국수는 짭조름한 맛이지. 전에 국수 먹었을 때 무슨 맛이었어?

아이:　　음... 국물은 좀 짠데 맛있는 맛이었어. 그리고 국수가 쫄깃쫄깃했어.

엄마:　　그렇지. 우리 딸은 물컹물컹한 거 안 좋아하고 쫄깃쫄깃한 거 좋

아하지.

아이:　　맞아, 나는 물렁물렁한 거 안 좋아해.

엄마:　여기 국수 맛있으면 우리 후루룩후루룩 소리 내서 먹어보자.

아이:　좋아. 막 후루룩후루룩 먹자.

엄마:　호로록하면서도 먹어볼까?

아이:　아 엄마, 호로록 이거 너무 재미있어. 호로록호로록.

엄마:　그래? 후루룩, 호로록. 재미있지?"

아이:　응. 근데 우리는 호로록하고 먹자. 그게 더 예쁜 느낌이야.

　국수집 앞에서 차례를 기다리며 지루해진 아이와 저는 위와 같은 대화를 했습니다. 제가 아이에게 들려주고 싶어서 일부러 썼던 말들은 '색다르다', '보들보들하다', '짭조름하다', '물컹하다', '후루룩후루룩', '호로록호로록'이었습니다. 먼저, 흔히 쓰는 '특별하다', '부드럽다', '짜다'라는 단어를 '색다르다', '보들보들하다', '짭조름하다'로 바꿔서 써 보았고요, 그 다음에는 아이에게 국수 맛을 한번 표현해 보게 하려고 '국수 맛은 어땠어?'라고 슬쩍 물어봤습니다. 그러자 아이가 '쫄깃하다'라고 말했지요. 그래서 저는 아이가 쓴 말의 반대쪽에 있는 단어, '물컹하다'를 써 봤습니다. 그러자 아이는 제 의도를 알아채기라도 한 듯 '물컹하다'를 '물렁물렁하다'로 바꿔서 말했지요. 또한 '후루룩후루룩', '호로록호로록'이라는 의성어를 쓴 것은 소리에서 오는 경쾌함으로 말을 이렇게나 즐겁고도 노래하듯이 할 수 있다는 걸 보여주고 싶어서였습니다. 의성어가 주는 즐거움을 아이도 기가 막히게 느끼고서는 '후루룩'보다는 '호로록'이 더 예쁘다고 자신의 느낌도 말해주었습니다.

앞선 대화는 내용으로만 보면 밋밋한 일상의 대화입니다. 그러나 이런 대화에서도 단어를 이리저리 바꿔서, 최대한 다양한 단어를 사용할 수 있도록 부모가 신경을 쓴다면 아이는 이 말들을 알아채고 이해하고 기억해 가는 과정에서 즐겁고도 강렬한 언어 자극을 받게 되는 것입니다. 이런 언어 자극이 이어지다 보면 이런저런 언어적인 시도를 해 보며 다양한 말을 써 보려고 하는 아이를 발견할 수 있을 것입니다.

일상 대화에서 새로운 언어 자극을 주는 것이 가장 자연스럽고도 편안한 방법이라고 말씀드렸습니다만 매일의 대화에서 이렇게 의식적으로 다양한 단어를 사용해 말할 수는 없습니다. 저 역시 매일 이런 식으로는 대화하지 않습니다. 그래서 저는 게임의 탈을 쓴, 다소 작위적인 '말하기 연습'을 합니다. 바로 '연상되는 단어 릴레이'입니다. 이런 '말하기 연습'은 할 일이 없는 지루한 상황에서 하기에 딱 좋은 언어 자극 놀이입니다. 이를테면 아이와 차를 타고 오랜 시간을 가야 하거나 마트에서 장을 봐야 할 때와 같은 상황 말입니다.

자, 아이와 차를 타고 갑니다. 동요도 동화도 몇 번이나 들어서 더는 듣기가 싫습니다. 지루해진 아이는 분 단위로 도착이 얼마나 남았는지 물어보기 시작합니다. 그럴 때 뭘 하면 좋을까요? 저는 장거리 운전을 할 때가 많은데 이럴 때 아이와 '연상되는 단어 릴레이' 놀이를 종종 했습니다. 창밖으로 보이는 사물 하나를 선택합니다. 나무가 보이네요? 그럼 오늘의 시작 단어는 '나무'입니다. '나무'하면 생각나는 단어를 끝말잇기처럼 번갈아 가며 말하는 겁니다. 아래의 예시는 아이가 6살이 되던 해에 어느 고속도로에서 저와 저희 아이, 아이의 아빠가 셋이서 돌아가며 말한 단어들입니다.

나무-나뭇잎-초록색-파랗다-푸르다-새싹-파릇파릇하다-새파랗다-나뭇가지-낙엽-빨갛다-떨어지다-붉다-바스락거리다

부모가 모르는 단어를 말하면 아이는 그게 뭐냐고 물어봅니다. 그럼 그때 가볍게 단어의 뜻을 설명해 주면 됩니다. 단어 연상 릴레이의 승자는 연상되는 단어를 제일 마지막까지 말하는 사람입니다. 그리고 승리한 사람이 다음 단어를 고릅니다. 선정된 단어에 따라 연상되는 단어가 끝없이 나오기도 하고 금세 끝나 버리기도 합니다. 연상되는 단어 말하기의 활동이 얼마나 길게 이어지느냐는 그리 중요한 것이 아닙니다. 사물을 보고 단어를 연상하는 과정에서 단어 몇 개를 떠올려 보고 그중 하나를 선택해 말하는 작업 그 자체가 의미 있기 때문입니다.

단어 연상 게임은 아이의 단어 확장에 매우 유익한 언어 자극입니다. 이 게임에는 자기가 아는 단어를 말해 보는 것, 상대방이 말하

는 단어를 들어 보는 것, '어? 내가 모르는 단어를 말하네? 그게 뭐지?'라고 하면서 내가 모르는 단어를 알아가는 모든 과정이 있기 때문입니다. 단어 리스트가 쭉 나열된 문제집을 풀려가며 어휘 확장을 하는 것보다 장난치듯 하는 이 한번 한번의 말놀이가 훨씬 더 긍정적인 언어 자극이자 학습이라고 볼 수 있겠습니다.

5장
아이와 아무 말 대잔치를
해야 하는 이유

◦◦◦ 창작의 시작, 아무 말 대잔치

그날의 저녁 식사 메뉴는 카레라이스였습니다. 카레라이스를 먹던 아이가 저에게 물어보더군요.

아이: 엄마는 카레 라이스를 좋아해?

엄마: 응. 엄마는 카레라이스 정말 좋아해. 너도?

아이: 음... 나는 그렇게 좋아하지는 않아.

엄마: 그래? 좋아하는 줄 알았는데. 엄마는 어릴 때부터 카레라이스를
        좋아해서 할머니가 엄마 대학 시험 보던 날에도 떨지 말라고 카

레라이스를 도시락으로 싸 주셨어.

아이:　그래? 엄마도 옛날에 시험 봤어?

엄마:　그럼, 엄마도 대학 시험 봤지. 아주 큰 시험이야. 그래서 많이 긴
　　　장했지.

아이:　엄마 시험 볼 때 긴장됐어? 얼마나? 아, 나도 그 시험 봐야 해?

엄마:　아마 봐야 되겠지?

아이:　아, 나 갑자기 떨려. 문제가 어려웠어?

엄마:　아니, 엄마한테는 식은 죽 먹기였어. 너한테도 식은 죽 먹기일 거
　　　야.

아이:　아, 엄마, 그렇게 말해줘서 고마워. 근데 엄마 끝까지 용기 있게
　　　잘했어?

엄마:　그럼, 엄마는 아주 대범하게 끝까지 잘했지.

아이:　그래? 근데 대범이 뭐야?

엄마:　어떤 일을 하기 전에 망설이거나 쭈뼛쭈뼛하지 않고 용감하게 하
　　　는 거야.

아이:　대범. 대범. 으흐흐흐. 표범이네.

엄마:　응? 표범? 웬 표범?

아이:　표범은 용감하게 사냥을 하잖아.

엄마:　그러네. 표범은 용감하네.

아이:　하하하. 대범이 표범이, 대범이 표범이.

엄마:　이거 발음이 너무 재미있다.

아이:　어느 날 대범한 표범이 숲속에서 어슬렁어슬렁 걸어가고 있었어

요. 그런데 갑자기 호랑이가 나타났지 뭐예요?

엄마: 앗, 호랑이랑 맞서 싸운 거야? 대범하게?

아이: 그렇게 만들까? 아니면 대범하게...음... 무슨 이야기로 살까?

　

카레라이스에서 시작한 대화가 대범한 표범이 주인공이 된 이야기를 만드는 상황에까지 이르렀습니다. 사실 저는 아이에게 쓸데없어 보이는 이야기들을 주저리주저리 많이 하는 편입니다. 아이와의 등·하원 길에, 밥을 먹으면서, 아이와 뒹굴뒹굴하면서, 아이에게 책을 읽어주다가 제 어릴 적 이야기도 많이 해 주고 그날의 제 하루에 대한 이야기도 많이 합니다. 그냥 생각나는 대로, 뜻도 목적도 없이 하는 주절거림이죠. 그런데 이런 아무짝에도 쓸모없어 보이는 아무 말이 의외로 굉장한 언어 학습의 도구가 되기도 합니다. 이 일상적인 대화에서 아이가 어떤 언어적인 자극을 받았는지 한번 살펴볼까요?

카레라이스로 시작된 이 이야기가 꽃을 피우기 시작한 지점은 엉뚱하게도 수능 시험 날의 긴장감이었습니다. 카레라이스를 좋아하냐는 아이의 질문에 갑자기 수능 시험 날 먹었던 카레라이스를 떠올리고 주절거린 저의 아무 말이 빛을 발한 순간입니다. 그런데 이 대화는 점점 더 알 수 없는 곳으로 흘러갑니다. 수능 시험의 긴장감에서 '대범하다'로, '대범하다'에서 '표범'으로 옮겨갔습니다. 대범이 표범. 말도 안 되는 이야기이지요. 자, 이렇게 '아무 말 대잔치'가 시작되었습니다.

눈치채신 분들도 계시겠습니다만 저는 저 대화에서 '식은 죽 먹기'라는 속담과 '대범하다'라는 단어를 일부러 넣어서 이야기했습니다. 수능 시험이 식은 죽 먹기였을 리가 없죠. 그런데 시험이라는 말에 갑자기 긴장을 느끼고 겁을 내는 아이에게 위로 차원에서, 그리고 속담 한번 더 들려 주겠다는 욕심으로 쓴 말이었습니다. 다음으로 욕심을 부려 본 단어는 '대범하다'입니다. 아이가 '용감하게'라는 말을 쓰길래 '용감하다'와 비슷한 의미의 '대범하다'를 써 봤습니다. 사실 제가 '대범하다'를 꺼내서 쓸 때까지만 해도 이 지점에서 표범이 등장할 거라고는 전혀 예상하지 못했습니다. 그런데 아이는 '대범하다'의 '범'자에서 표범을 떠올린 겁니다. 아이는 '대범하다'라는 단어의 의미를 확인하는 평면적인 배움의 순간을 뛰어넘어 숲속의 용맹스러운 표범을 상상하기 시작했습니다. 그리고 이제 상상을 마음껏 펼칠 수 있는 입체적인 창작의 시간이 온 것이지요.

사실 <아무 말 대잔치>의 최종 목적지는 창작입니다. 머릿속 생각을 아무렇게나 내뱉을 수 있는 시간 말입니다. 물론 그 과정에서 위의 대화에서처럼 '식은 죽 먹기'와 같은 속담이나 '대범하다'와 같은 수준 높은 단어가 제시되고 아이가 그것을 익혀갈 수도 있습니다. 그런데 <아무 말 대잔치>의 진짜 목적은 이야기를 만드는 것입니다. 잘 만들 필요가 없는 너무나도 부담 없는 창작이지요. 처음에는 말도 안 되는 것 같지만 그런 아무 말을 내뱉다 보면 아이들은 말이 되는 이야기를 만들어 가려고 애씁니다. 그 과정에서 아이들의 이야기에 맥락이 만들어집니다.

이 과정이 어려워 보일지 모르겠습니다만 아이들은 어른들의 생각 이상으로 상상력이나 창의력이 뛰어납니다. 부모가 그냥 아무 말이나 툭 던져보세요. 제가 '카레라이스'에서 연상된 제 경험을 말했던 것처럼 말입니다. 그럼, 그 다음은 아이들이 알아서 만들어 갑니다. 부모는 그저 그 과정에서 추임새만 넣어주면 되는 겁니다. 아이의 말을 되물어 보기도 하고 아이가 이야기를 만들면 그 다음에 올 것으로 예상되는 이야기를 대충 말해 보는 거죠. 제가 "앗, 호랑이랑 맞서 싸운 거야? 대범하게?"라고 말한 것처럼요. 아이들은 부모의 이야기가 마음에 들면 그 이야기를 채택해서 다음으로 이어 갈 것이고 마음에 들지 않으면 "아니, 그게 아니라"라고 하면서 자신만의 이야기를 만들어 갈 것입니다.

○○○ 불쑥불쑥 만나게 되는 아이들의 보석 같은 말

아무 말 대잔치는 장소와 시간을 가리지 않고 가질 수 있는 아이들의 언어 학습의 장입니다. 새로운 말을 배울 수 있기도 하지만 머릿속 생각을 밖으로 마음껏 꺼낼 수 있는 시간인 겁니다. 생각나는 대로 메모지에 끄적거리는 것이 발명이나 작품의 시작이 되듯 아이들의 주절거림도 하나의 작품이 됩니다. 주절거림이 쌓이고 쌓이다 보면 뜻하지 않게 아이들의 작품과도 만나게 됩니다.

아이가 8살 때 학교에서 토마토 씨앗을 받아 왔습니다. 작은 종이 화분을 만들어 아이와 정성껏 씨앗을 꾹꾹 눌러 심었습니다. 저는 신난 아이에게 이렇게 말했습니다.

엄마: 씨앗을 심은 다음에 씨앗들에게 예쁜 말을 해 주면 쑥쑥 잘 자란대.

아이: 오~ 엄마, 정말이야? 정말 그렇대?

엄마: 응. 예쁜 말 들은 씨앗들은 튼튼하게 자란대.

아이: 예쁘다, 사랑한다, 이런 말을 해 주면 되는 거야?

엄마: 응. 생각날 때마다 사랑스러운 말 많이 해 줘.

이런 대화를 끝으로 아이는 토마토 씨앗에 "튼튼하게 잘 자라"라고 하고선 토마토 씨앗과 돋아날 새싹, 그리고 토마토 열매를 그리며 놀기 시작했습니다. 그러다가 저한테 이런 말을 하더군요.

아이: 엄마, 내 예쁜 말들이 땅속으로 쏟아져 갈 것 같아.

엄마: 응? 말들이 땅속으로 쏟아져 간다고?

아이: 어, 식물들한테 예쁜 얘길 해 주면 그 예쁜 글자들이 땅으로 쏟아질 것 같아. 그럼 땅속에 심어진 예쁜 글자들이 열매가 돼서 씨앗을 터트리겠지? 나중에 씨앗을 들여다보면 예쁜 말들이 그대로 들어 있을 거야. 만약에 씨앗 속 예쁜 말들이 나한테 다시 돌아오면 내 마음이 얼마나 따뜻해질까?

아이는 저와의 대화를 계속 곱씹으며 그림을 그렸던 겁니다. '예쁜 말', '씨앗', '자라다'와 같은 대화 속 단어들을 생각하며 그림을 그리다가 '예쁜 말들과 그 말들을 이루는 글자 하나하나가 땅속으로 쏟아져 씨앗이 되고 또 열매가 된다'라는 말을 주절거리게 된 것이죠. 아이가 아니면 하기 어려운 반짝이는 표현입니다. 저는 그저 예전에 본 드라마의 주인공이 했던 말이 생각나서 "씨앗에 예쁜 말을 해 주면 쑥쑥 자란다"라고 했을 뿐인데 아무것도 아닌 그 말을 듣고 아이는 이렇게 멋진 이야기를 만들어 냈습니다.

어느 날은 아침 식사 중에 아이와 최근에 읽은 책에 대해서 이야기를 하고 있었습니다. 그 책은 신체 부위의 이름을 소개하고 그 역할을 설명한 내용의 책이었습니다. 아이가 관심을 가진 부위는 '심장'이었습니다. 사람들이 왜 심장을 하트로 표현하는지, 심장이 몸에서 얼마나 중요한 역할을 하는지에 대한 이야기를 나눴습니다. 그러다가 아이는 갑자기 며칠 전에 우주에 관해 읽은 책이 떠올랐나 봅니다. 우주에 있는 행성 중에서 기억이 나는 이름 몇 개를 이야기해 보더군요. 그러다가 아이가 갑자기 이런 말을 했습니다.

아이: 엄마, 내 심장은 우주를 들고 있어.

엄마: 응? 네 심장이 우주를 들고 있다고?

아이: 응, 내 심장이 우주를 들고 있어.

엄마: 어머나, 심장이 우주를 들고 있다니! 정말 멋진 말이다.

이 범상치 않은 문장 뒤에 도대체 저런 말들을 언제 어떻게 생각해 냈는지 의아할 정도로 보석 같은 말들을 주저 없이 줄줄 내뱉기 시작했습니다.

아이: 내 심장은 우주를 들고 있습니다.

          내가 슬플 때는 태양, 수성, 토성, 지구, 하늘, 별, 무지개, 구름이

내 기분을 풀어 줍니다. 우주 친구들도, 엄마도 아빠도 나를 위로
해 주니 더 기분이 나아집니다. 위로해 주는 힘은 내 영양분입니
다. 그중에서 엄마, 아빠가 세일 좋습니다. 나는 언제나 임마도 있
고 아빠도 있어서 행복합니다.

엄마: 와. 엄마 정말 감동 받았어. 우주 친구들과 엄마 아빠가 위로해 준
        거야? 네 이야기를 들으니 엄마 마음이 정말 따뜻해졌어. 포근한
        느낌이다.

아이: 그래? 엄마 이거 제목은 방금 생각했는데 <사랑의 힘>이야.

아이들이 어느 날 갑자기 쏟아내는 이런 말들은 어쩌다 우연히
나오는 것 같지만 사실 완벽한 우연은 아닙니다. 부모와의, 혹은 아이
가 접하는 사람들과의 아무 말 대잔치를 통해서 말과 생각이 모이고
모여 어느 날 갑자기 폭포처럼 쏟아지는 것이지요. 이것이 바로 아무
말 대잔치의 위력이자, 아무 말이 계속되어야 하는 이유입니다.

아이가 1~2분도 채 안 되는 시간에 말로 지어낸 <사랑의 힘>이라
는 이 아름다운 이야기는 신체나 우주에 대한 책을 읽은 것도 영향을
끼쳤지만 그 이전에 아이와 제가 나눈 아무 말도 한몫했을 거라고 생
각합니다.

아이가 6세 후반쯤이 되었을까요? 그때쯤 유치원에서 자신의 몸
을 배우면서 어떻게 해서 자신이 태어났는지에 대한 성교육을 받았
는데요, 아이는 그 생물학적인 과정을 통해 자신이 태어났다는 것이

좀 실망스러웠나 봅니다. 뭔가 특별함을 느끼고 싶었던 모양인지 저에게 자꾸 특별한 대답을 기대하며 자신이 어디에서 어떻게 왔는지를 장난스럽게 종종 물어봤습니다. 그래서 저는 아이의 요구에 부응하고자 말도 안 되는 이야기를 지어냈습니다. 아무 말 대잔치였지만 요점은 '너는 우주만큼 특별하단다. 그러니 생물학적인 탄생의 과정에 실망하지 말아라'였습니다.

아이: 엄마, 나는 어디에서 왔어?

엄마: 별에서 왔지.

아이: 뭐라고? 별?

엄마: 기억 안 나? 너 저 반짝반짝 별에서 왔잖아. 우주에서 엄마 아빠가 우리 딸 데려왔는데.

아이: 에이... 말도 안 돼. 그럼 나 혼자 우주에서 있었단 말이야?

엄마: 별 안에 포근하게 담겨 있었지. 넌 우주야, 우주.

아이: 에이, 말도 안 돼. 진짜야?

엄마: 그럼, 진짜야. 별 속에 감싸져 있던 너를 엄마 아빠가 고이고이 안아서 지구로 데려왔잖아. 그거 몰랐어?

아이: 정말? 내가 별에 있었다고?

아이는 얼토당토않은 제 이야기가 진실이 아니라는 걸 알면서도, 말도 안 된다고 연신 말하면서도 계속 진짜냐고 묻습니다. 진위 확인이 아니라 더 듣고 싶어서였겠지요. '별', '우주'라는 말이 마음에 들었나 본지 배시시 입가에 번지는 웃음을 어찌할 줄 모르겠다는 듯 손으로 얼굴을 막 가립니다. 그리고는 우주와 별을 상상하고 포근한 느낌을 받았겠지요. 자신이 뭔가 우주만큼 대단한 존재라고 뿌듯해하면서요.

이런 말도 안 되는 아무 말 대잔치는 어른들에게는 그냥 쓱 스쳐 지나가는 순간이지만 아이들은 놓치는 법이 없습니다. 그 이야기들을 차곡차곡 쌓아서 기억하고 있다가 우주와 행성에 대한 무미건조한 책을 읽으면서 엄마와의 그때 그 대화를 떠올립니다. 그리고 상상을 하는 것이지요. 이런 상상과 상상이 모여 아이들의 이야기가 만들어지고 어느 날 갑자기 봇물 터지듯 이야기가 쏟아져 나옵니다. 아무 말이 만들어낸 상상과 생각들이 모이는 순간 아이들의 작품 활동은 시작됩니다.

아이는 순간순간 보석 같은 말들을 늘어놓습니다. 사실 듣는 순간은 '어머, 예쁘다'라고 생각하지만 그 순간이 지나면 잊기 쉽습니다. 그래서 가능하다면 아이의 말을 메모하거나 녹음하고, 그 아이의 말을 가볍게 글로 옮겨서 같이 읽어 보면서 이야기해 보는 것도 아이에게 표현을 권장하는 매우 좋은 방법입니다. 부모와 아이가 아무 말 대잔치에서 비롯되는 이런 언어적인 유희를 함께 즐길 때 아이의 말이 성장하는 것입니다.

○ ○ ○

2부

아이와 책 읽기의 세계 속으로

1장
생각하고 추측하고 말해 보는 책 읽기

○○○ 아이에게 책을 읽어주는 이유

서점의 어린이 코너에 가면 아이들에게 책을 읽어주는 부모들을 어렵지 않게 만날 수 있습니다. 저도 아이와 함께 가면 종종 책을 읽어주곤 하는데요, 다들 어찌나 재미있게 읽어주는지 저도 모르게 귀를 기울이며 듣게 될 때가 많습니다.

부모가 아이들에게 책을 읽어주는 것을 가만히 들여다 보면 재미있는 현상을 발견하게 됩니다. 한글을 모르는 아이와 함께 온 부모 중에서는 아이에게 책을 읽어줄 때 글자 하나하나를 손가락으로 콕콕 짚어 가면서 읽어주는 분들이 많습니다. 아이에게 글자는 이렇게 봐도, 저렇게 봐도 자기가 아는 모양이 아닌데 부모의 손가락이 글자를 가리키니 그림으로 갔던 시선이 어쩔 수 없이 그리로 향합니다. 그림책에 구경할 그림이, 생각할 거리가 얼마나 많은데요. 그런데 글자로 시선이 간 아이들은 알지도 못하는 글자를 보느라 그림에도, 책의 내용에도 집중하기가 어려워집니다. 어쩌다 아이들의 시선이 다시 그림으로 갈라치면 아이를 툭툭 치며 손가락으로 글자를 가리키는 부모도 있습니다. '자자, 집중해. 내 말을 듣고 글자와 비교해서 들어 봐. 너도 금방 한글을 깨칠 수 있을 거야'라고 말하듯이요.

한글을 읽을 줄 아는 아이와 함께 온 부모들의 경우는 또 다른 양상을 보입니다. 이 아이들은 이미 한글을 아니까 손가락으로 일일이 글자를 짚어서 읽어줄 필요는 없습니다. 그런데 이번에는 부모들이 뭘 자꾸 물어봅니다. 읽으면서 질문이야 당연히 할 수 있지요. 읽는 중에 궁금한 것에 대해 서로 이야기를 나누는 것은 책을 읽을 때 권장되는 방법이기도 합니다. 그런데 대다수의 부모가 하는 질문은 아이가 얼마나 많이 아는지 모르는지에 초점이 맞추어져 있습니다. 읽다 말고 갑자기 "이 단어 알아? 이게 무슨 뜻이지?"하고 말입니다. 이뿐만이 아닙니다. 갑자기 "앞에서 이게 왜 그렇다고 설명했지?", "그래서 지진은 왜 일어난다고 했지?"라는 지식 확인용 일방향성 질문도 합니다. 그런데 아이가 정작 뭔가를 물어보면 성의 없이 대충 대답을 해 주고는 급히 다음 장으로 이야기를 이어 갑니다.

부모들이 이런 모습을 보이는 데에는 이유가 있습니다. 책 읽기를 통해서 얻고 싶은 것이 확고하기 때문입니다. 첫 번째 유형의 부모는 아이가 글자에 해당되는 소리를 익힘으로써 한글을 깨우치게 하려는 데 책 읽는 목적을 두고 있습니다. 두 번째 유형의 부모는 아이가 책에 나오는 단어의 뜻을 알고 있는지, 책의 내용을 얼마나 이해하고 있는지, 책을 통해 얻은 지식을 기억하는지 확인하고자 했죠.

다들 아시는 것처럼 책을 통해 얻을 수 있는 것은 무궁무진합니다. 책을 많이 읽으면 어휘력, 문해력, 사고력이 늘어날 뿐 아니라 덤으로 지식도 챙기게 되고 공부까지 잘하게 된다고 하죠. 이렇게 달콤한 효과를 놓칠 수는 없습니다. 그러니 우리는 아이들에게 책을 읽으라고 말합니다. 얻는 게 많으니까 말입니다. 이렇게 아이들의 책 읽기에 학습을 위한 목적이 생겨 버렸습니다. 아이들은 공부를 잘하기 위해서 책 읽기를 시작합니다. 유아기 때는 한글을 떼기 위해서, 좀 더 크고 나면 공부를 잘하기 위해서 책을 읽습니다. 책 읽기가 이런 목적에서 시작되니 부모가 하는 "책 읽어라"라는 말이 아이 귀에 곱게 들릴 리가 없습니다. 아이에게는 공부 좀 하라는 잔소리로 들리기 십상입니다. '책=공부'라는 공식이 알게 모르게 아이들의 머리에 각인이 됐다고나 할까요? 그러니 읽고 싶지가 않을 겁니다. 읽기도 전에 거부감부터 들겠죠. 책을 읽긴 읽어야 하는데, 그럼, 어떻게 해야 아이들이 거부감 없이 책을 읽을 수 있을까요?

∘∘∘ 우리가 책을 읽는 이유

자, 지금부터는 아이들에게 책을 읽혀야 한다는 의무감은 잠시 접어두고 성인인 우리가 책을 읽는 이유에 대해서 먼저 생각해 보겠습니다. 무엇 때문에 책을 읽으시나요? 저부터 대답을 해 보자면 저는 제 마음을 공감받고 싶어서 책을 읽을 때가 많습니다. 아무도 내 마음을 몰라주는 것 같을 때가 있죠. 이해받고 싶은데 누구와 이야기를 해도 헛헛할 때가 있습니다. 그럴 때 저는 책을 읽습니다. 작가의 이야기를 따라다니며 마음을 주고받다 보면 현실 속의 그 누구에게서도 이해받지 못했던 제 마음이 위로를 얻습니다.

제 대답을 듣는 동안 여러분이 책을 읽는 이유에 대해서 생각해 보셨나요? 저처럼 작가와 소통을 하면서 공감과 위로를 얻기 위해 읽는 분들도 계실 테고 그동안 용기가 없어 할 수 없었던 것들, 내가 도전하지 못했던 것을 대신 경험해 보고 싶어서, 또는 새로운 정보나 지식을 얻기 위해서, 아니면 그저 재미있어서 책을 읽는 분도 계실 겁니다.

성인인 우리가 책을 읽는 이유는 어쨌든 '즐거움'입니다. 책을 읽는 행위 저변에 읽고 싶다는 마음이 깔려 있는 겁니다. 제아무리 읽어야 할 절실한 이유가 있다고 하더라도 즐겁지 않으면 웬만해서는 책을 계속 읽어 나가기 어렵습니다. 내가 원해야 지속적으로 읽을 수 있는 거죠. 아이들도 마찬가지입니다. 아니, 마찬가지여야 합니다. 책을 읽는 이유가 '읽고 싶어서', '재미있어서'가 되어야 하는 겁니다.

　아이가 능동적으로 책을 즐기며 읽게 하기 위해서는 이처럼 '재미'로 시작해야 합니다. 그러기 위해서는 부모가 책을 읽으라고 하는 이유를 재미에서 찾아서 책을 잘 읽게 되는 목적지까지 아이를 무사히 데려다 줘야 합니다.

　음식도 맛있어야 다시 먹고 싶은 마음이 듭니다. 건강에 좋으니 '먹어야 된다'라고 하면 안 먹고 싶어지는 것처럼 책 읽기도 마찬가지입니다. 아이들에게 책을 읽히는 주목적이 똑똑해지기 위한 것, 어휘력, 문해력을 늘리기 위한 것이 되면 시작도 전에 지칩니다. 아이도 책을 통해서 소통하고 위로받고 무한한 상상을 해야 합니다. 목적이 달라져야 아이들이 즐겁고도 편안한 마음으로 책을 읽기 시작합니다. 어휘력, 문해력, 지식을 얻는 것은 이런 과정에서 자연스럽게 따라오는 것입니다. 책 읽기의 부수적인 목적인 것이죠. 자, 그러면 어떻게 해야 아이들에게 책의 재미를 알려줄 수 있을까요?

∘∘∘ 아이의 마음을 사로잡는 책 읽기

　아이들에게 책 읽는 즐거움을 알려주려면 먼저 책으로 아이들의 마음을 사로잡아야 합니다. 그럼 아이의 마음을 한번 들여다 볼까요? 사실 저에게 어린 딸의 마음을 알기란 '하늘의 별 따기'만큼이나 힘든 일이었습니다. 저도 분명 그 길을 지나 왔는데 까마득하게 잊고 어느 순간 모든 것을 어른의 방식으로 해석하게 되었기 때문입니다. 그러니 아이의 마음을, 아이의 행동을 이해하기 어려울 수밖에요. 아이는 엄마, 아빠만큼은 자기 마음을 다 알 거라고 철석같이 믿어 왔는데 그게 아니라서 실망의 순간이 많았을지도 모르겠습니다. 그런 우리에게 서로의 마음을 이어 주는 단비 같은 책이 찾아왔습니다.

나도 너랑 똑같아

아이가 6살이 되었을 때 단짝 친구가 생겼습니다. 아이와 친구는 손을 잡고 걸어갈 때마다 약속이라도 한 듯 바닥에 그어진 흰 선만을 밟으며 가려고 애를 썼습니다. 하루도 빠짐없이요. 흰 선이 끝나는 지점에서는 둘은 잠시 멈춰 서서 서로 얼굴을 쳐다보고선 이렇게 말합니다.

"우리 저기까지 크게 뛰어가자. 저기 흰 선까지."

친구와 걸어갈 땐 그리도 척척 잘 맞던 손발이 저와 갈 때는 삐걱거리기 시작합니다.

아이: 엄마, 흰 선만 밟으면서 가야 돼.
엄마: 응응, 알았어.

아이: 아니, 아니. 엄마 지금 대충 걷잖아. 흰 선 넘어가면 안 된다니까.

엄마: 응응.

아이: 아니, 방금노 선 넘어갔어. 아, 그럼 안 돼.

엄마: 조심해, 조심해. 저기 차 오잖아. 지금 이럴 때가 아니야. 빨리 가
         자. 빨리.

촌각을 다투는 아침 시간에 선 타령을 하고 있으면, 그걸 보고 있
자면 복장이 터집니다. 도대체 저 선이 뭐라고 왜 저렇게 선 밟기에
집착을 하는 건지 도무지 알 수가 없었습니다. 그러던 어느 날 굉장
히 평범해 보이는 표지의 책, <집으로 가는 길>을 읽게 되었습니다.

사실 표지와 제목만 봤을 때 아이는 별 관심을 보이지 않았습니다. '집으로 가는 길이 뭐 어째서' 싶었을 수도 있고요. 아이가 좋아하는 스타일의 그림도 아니었으니까요. 그런데 웬걸요. 책을 펴자마자 그 책 속에 우리 아이가 있었습니다. 바닥의 흰 선만 밟고 가는 아이가요. 횡단보도의 하얀 선만 밟으려고 그 짧은 다리로 있는 힘껏, 높이 뛰는 아이가 그 책에도 있었던 겁니다. 아이와 저는 눈이 휘둥그레져서는 이런 이야기를 주고받았습니다.

엄마: 어머나... 너랑 똑같은 애가 있어. 하늘이도 흰 선만 밟고 가네?

아이: 어? 진짜네? 어떻게 나랑 똑같지?

엄마: 그러게. 정말 우리 딸하고 똑같다. 너도 흰 선 바깥쪽이 낭떠러지 같고 그래?

아이: 응응. 엄마, 여기 그림 보이지? 이게 딱 내 마음이야. 이거 봐. 나만 그런 게 아니네.

엄마: 아... 우리 딸이 아침마다 엄마 땅속 깊이 떨어질까 봐 걱정돼서 그렇게 얘기했던 거야?

아이: 응응. 엄마 이제 내 맘 알겠어?

아이는 엄마에게 핀잔만 들었던 흰 선 밟기를 이렇게 책에서 이해받고 위로 받습니다. 나만 그런 놀이를 하는 게 아니라는 걸, 내가 말로 다 설명할 수는 없었지만 바로 이런 상상 때문에 흰 선 밟기를 좋아한다는 걸 책을 통해서 확인합니다. 그리고 무엇보다도 엄마의 이해도 구했으니 이보다 더 만족스러운 공감은 없습니다.

책 읽기는 놀이 그 자체

이번에는 잡기 놀이를 하는 아이의 마음을 한번 들여다 보겠습니다. 저희 아이는 유독 잡기 놀이를 좋아합니다. 도망치면서 느끼는 긴장감과 '얼음'을 외쳤을 때의 안도감이 그렇게 재미있나 봅니다. 숨을 헐떡이며 놀이터를 종횡하는 잡기 놀이와 거의 유사한 긴장감과 안도감을 주는 그림책이 있습니다. 집집마다 한 권씩은 다 있는 책, 바로 <곰 사냥을 떠나자>입니다.

온 가족이 곰사냥을 떠납니다. 가는 길이 어찌나 험난한지요. 어려움에 부딪힐 때마다 가족들은 방법을 찾아내고 용기를 내서 한 걸음씩 앞으로 나아갑니다. 멈출 수 없는 짜릿한 긴장감이죠. 글자 크기도 점점 커지며 반복되는 의성어와 의태어가 긴장감을 더할 나위 없이 고조시킵니다. '곰이 정말 나타날까?', '곰을 잡을 수 있을까?', 궁금하기도 하고 심지어 설레기까지 합니다. 그 순간 곰과 맞닥뜨리고 곰은 가족을 쫓기 시작합니다. 이때부터는 그 어떤 술래보다도 무서운 술래가 쫓아옵니다. 눈보라가 몰아쳐, 진흙탕이 펼쳐진 아무리 험난한 길이어도 필사적으로 도망쳐야 합니다. "아, 어떡해."하는 소리가 절로 납니다. 겨우겨우 집으로 돌아와서 그제야 안도의 '얼음'을 외칩니다. 온 가족이 힘을 모아 문을 닫고 포근하고도 안전한 침대 속 이불로 쏙 들어옵니다.

아이: 휴. 엄마, 다행이다. 나 진짜 긴장됐어.

엄마: 와, 엄마도 잔뜩 겁먹었잖아. 곰이 집 안으로 들어왔으면 어쩔 뻔했어.

아이: 그러니깐. 아까 민준이가 놀이터에서 나 쫓아올 때 같았어.

엄마: 아, 아까 놀이터에서 한 술래잡기? 술래가 쫓아오면 이 정도로 무섭단 말이야?

아이: 어. 당연하지. 곰만큼 무서워. 민준이 엄청 빠르거든.

엄마: 근데 이 가족들은 곰한테 혼쭐이 났으니까 곰사냥은 다시는 안 하겠다. 그치?

아이: 나는 계속할 것 같은데? 곰 잡으러 가야 계속 도망칠 수 있잖아. 도망치는 건 재밌으니깐.

놀이터 잡기 놀이만큼, 아니 그 이상으로 긴장되는 곰 사냥, 그리고 그 어떤 '얼음'보다도 더 포근하고 따뜻한 안도감을 느끼게 하는 마지막 장면은 아이를 책 속으로 빠져들게 합니다. 아이는 곰사냥을 자신의 술래잡기 놀이에 대입해 몰두했던 겁니다. 책을 읽는 내내 아이는 잡기 놀이를 하고 있었던 거죠. 곰 사냥을 떠나는 가족들의 마음에 자신의 마음을 담습니다. 그리고선 아이는 책 속 가족들이 곰사냥을 다시 떠날 거라 말합니다. '얼음'이라는 안도감을 얻었어도 술래잡기의 매력적인 긴장감을 다시 느끼고 싶으니까요. 이 책의 가족들도 자기와 같을 거라고 믿습니다. 이렇게 책은 아이에게 놀이이자, 놀이하면서 느끼는 감정 그 자체입니다. 책에서 놀이를 느끼는 순간 아이는 한 걸음 더 책에 다가가게 됩니다.

이렇듯 책은 아이들의 마음을 기가 막히게 알아채고 어루만져 줍니다. 아무도 몰라줬던 내 마음을 이해해 주고, 내가 좋아하는 놀이를 책에서도 하고, 혹은 내가 감히 해 볼 수 없었던 미지의 세계로 아이들은 모험을 떠납니다.

"주인공이랑 우리가 비슷하네."
"아, 네가 그래서 그랬구나."
"와, 재미있어 보인다. 우리도 이거 한 번 같이 해 볼까?"
"엄마도 그런 적이 있었어. 너도 그렇게 생각한 적이 있었어?"

책을 통한 이와 같은 소통과 공감의 향연은 아이들이 책으로 다가가게 하는 가장 매력적인 이유가 됩니다. 책을 읽으면서 아이들이 받았을 위로와 공감, 그리고 모험 속 상상은 아이들을 책으로 끌어가는 힘입니다. 이런 힘이 있어야 아이들이 능동적으로 책 읽기의 세계로 빠져들게 됩니다.

ㅇㅇㅇ 장난감을 고르듯 좋아하는 책 고르기

앞서 아이의 마음을 사로잡는 책 읽기를 살펴보았습니다. 아이들은 자신과 같은 상황에 처한 주인공에게서 위로를 얻거나 책을 통해 놀이를 하거나 혹은 미지의 세계로 마음껏 모험을 떠나기도 하며 책에 마음을 열었습니다. 아이들의 마음을 훔치는 책의 매력은 그 외에도 다양한데요, 책의 매력이 다양한 만큼 아이들이 저마다 책에 끌리는 이유는 다 다릅니다.

아이에게 장난감을 사 준 경험이 다들 있으실 겁니다. 아이마다 좋아하는 장난감이 다 다릅니다. 자동차만 사는 아이, 로봇에만 관심이 있는 아이, 인형에만 관심이 있는 아이, 이렇게 아이마다 선호하는 바가 어찌나 확고한지 자신이 원하지 않는 장난감을 선물 받으면 몇 번 가지고 놀다가 이내 흥미를 잃어버리죠. 대다수의 아이들은 그들만의 장난감 취향이 있고 또 부모들은 아이들의 취향을 잘 알고 아이가 좋아할 만한 장난감을 사 줍니다.

책도 장난감과 마찬가지입니다. 더 가지고 놀고 싶은 장난감이 있듯이 더 읽어 보고 싶은 책이 있습니다. 다양한 분야의 책을 고루 섭

렵하는 아이들도 있지만 대부분의 아이들은 특별히 더 좋아하는 책이 있습니다. 아이를 책의 세계로 깊이 빠져들게 하기 위해서는 먼저 아이들의 '책 취향'을 알아채야 합니다. 그것이 바로 부모들이 해야 할 첫 번째 일입니다.

아이들의 책 취향을 알아내는 것은 그다지 어려운 일이 아닙니다. 아이가 고르는 책을 유의 깊게 살펴보면 됩니다. 내 아이가 어떤 책을 좋아하는지, 어떤 책을 읽으면서 웃는지, 어떤 책을 한번이라도 더 읽고 싶어 하는지 관찰하는 게 중요합니다. 아이의 마음을 사로잡는 이야기가 자신과 비슷한 생각이나 행동을 하는 주인공이 나오는 책인지, 모험을 떠나는 이야기인지, 일상생활 속의 이야기를 풀어낸 창작 동화인지, 위기를 극복하는 이야기인지 말입니다.

이런저런 책을 읽어주고 아이가 읽는 모습을 보다 보면 아이가 좋아하는 유형의 책을 발견하게 됩니다. 그 책들을 유심히 보고 기억해 두었다가 비슷한 유형의 책들을 자주 접하게 해 주고 또 함께 읽고 공감해 나가는 거죠. 이런 과정이 쌓이면서 아이는 비로소 책에 마음을 열게 됩니다. 부모가 가장 건강한 방법으로 아이에게 책을 읽어야 할 이유를 제시해 주는 것이죠. '네가 나중에 공부 잘하라고'의 이유가 아닌 '너 즐거우라고'의 이유 말입니다.

아이가 한 종류의 책만 선호한다고 해서 걱정하거나 다양한 책을 접하게 하려고 굳이 노력할 필요는 없습니다. 아이의 독서 취향은 종종 바뀌기 때문입니다. 제 아이도 이런 책, 저런 책을 넘나들며 책을 읽었습니다. 한동안 모험 책을 좋아했다가 또 공주가 나오는 책을 좋아했다가 어느 때는 창작 동화를 좋아했다가 하면서요. 그러니 아이가 한 종류의 책만을 좋아한다고 고민할 필요가 없는 것입니다. 설령 책 간 이동이 없다고 하더라도 걱정할 필요는 없습니다. 어차피 책을 읽는 행위의 궁극적인 목적은 맥락의 파악과 텍스트의 이해니까요. 어느 책이든 그 책을 읽는 행위를 통해서 서술 구조를 파악하면서 텍스트를 이해해 나가는 과정을 익혀 나가다 보면 향후 어떤 글도 문제없이 읽어 낼 수 있습니다. 그러니 책을 처음 접하는 시기에 어떤 책이 되었든 아이가 흥미를 느낄 수 있도록, 아이의 책 읽기가 계속될 수 있도록 아이의 책 취향을 존중해 주어야겠습니다.

2장
책을 잘 읽으려면

ㅇㅇㅇ 읽기 이해 능력의 훌륭한 조력자, 말하기 능력

　일단 아이가 책 읽는 목적을 소통과 즐거움에 두기 시작하면 반은 성공입니다. 즐거움에서 시작된 책 읽기라면 아이들은 책의 내용을 이해하려고 노력합니다. 텍스트 이해를 위한 사고의 과정이 비록 힘들지라도 이해하려는 시도를 하고 또 그 시도가 성공하게 되면 책을 잘 읽을 수 있습니다.

　이렇게 책이 술술 읽히고 내용을 단번에 이해하게 되면 좋을 것 같은데 사실 이 같은 과정은 말처럼 그리 쉽지 않습니다. 책을 읽는다는 것은 매우 복잡한 사고 과정의 복합체이기 때문입니다. 고난이도의 사고 과정을 거쳐야 하므로 재미만 가지고 책 읽기가 지속적으로, 성공적으로 이루어지지는 않습니다. 읽기 독립이 시작되면 혼자서 이 모든 사고 과정을 해결해 나가야 하니 더더욱 힘들어지겠지요. 그래서 책을 읽는 훈련이 필요합니다. 읽기와 관련한 뇌 회로를 더 깊고 선명하게 만들기 전까지 해야 하는 이 연습은 어찌 보면 귀찮고 또 고통스러운 시간이 아닐 수가 없습니다. 그런데 이렇게 복잡하고도 어려운 읽기 과정에 훌륭한 조력자의 역할을 하는 것이 있습니다. 바로 구어 서술 능력입니다.

아시다시피 책을 잘 읽고 이해할 수 있는 것은 문어 능력에 해당됩니다. 우리는 흔히 잘 읽기 위해서 필요한 조건으로 풍부한 어휘력과 문해력을 떠올리는데요, 갑자기 읽기 이해 능력의 최고 조력자가 말하기 능력이라니 뭔가 이상합니다. 읽기 능력은 문어 능력인데 갑자기 모국어의 말하기 능력에 관한 이야기가 왜 등장했을까요?

구어 능력이라고 하면 간단히 말해 듣고 말하는 능력을 말합니다. 이것은 한국에 사는 한국인이라면 일상생활을 영위할 수 있을 정도로는 누구나 자연스럽게 느는 영역입니다. 그렇기에 모국어인 한국어의 듣고 말하는 능력을 키우기 위해서 애써 노력을 기울이는 분들은 많지 않습니다. 노력은 둘째치고 유아의 경우 한글만 떼면 모국어 공부는 끝났다고 여기는 부모도 심심찮게 봅니다. 그래서 영어 유치원에 보내기 전, 아이가 영어에 본격적으로 노출되기 전에 무리해서라도 한글을 가르칩니다. 한글을 뗐으니 이제 책도 읽을 거고 글도 쓸 수 있을 거란 말입니다. 말이야 한국 사람이니 언젠가는 '잘'하게 되겠지요. 그래서 이제는 영어를 정복하러 갑니다. 영어에 하루종일 노출되어도 모자랄 마당에 한국 사람이라면 누구나 할 수 있는 한국어에 아깝게 시간을 투자하지 않습니다. 자, 그런데 이렇게 천덕꾸러기에 가까운 모국어 말하기 능력이 읽기 능력을 도와준다고 합니다. 이게 무슨 일인가요?

여기, 매우 신선한 결과를 도출한 연구가 있습니다. 영어권 아동 교육 분야나 영어 교육 쪽 연구에서는 아이들의 읽기 이해 능력에 대한 다양한 연구가 상당수 진행되어 왔습니다. 초창기에는 아동의 문자 인식과 해독이 아이들의 읽기 능력에 미치는 영향에 대한 연구가 주를 이루었는데요, 이것만으로는 아이들에게서 나타나는 읽기 능력의 차이를 만족스럽게 설명할 수 없었던 것입니다. 그러던 차에 아이들의 구어 서술 능력이 읽기 능력에 영향을 미친다는 것을 발견하게 되고 이와 관련한 연구들이 줄을 잇게 되었습니다.

이 연구들을 정리하자면 대략 이렇습니다. 읽기 수업을 받지 않은 취학 전 아동을 대상으로 구어 서술 능력을 측정했습니다. 이때 구어 서술 능력의 높고 낮음은 단순히 말을 많이, 길게 하는 것에 따른 것이 아니라 내용을 얼마나 적합한 서술 구조로 말할 수 있느냐에 의해 결정됩니다. 즉, 질적으로 얼마나 완성도 높은 서술을 했느냐를 중심으로 아동의 구어 서술 능력이 측정된 거죠. 그리고 몇 년 후 아이들의 읽기 이해 능력이 측정되었습니다. 그 결과 아이들의 읽기 이해 능력은 취학 전에 가졌던 구어 서술 능력에 비례한다는 사실이 드러났습니다. 구어 서술 능력이 높은 아이일수록 읽기 이해 능력이 좋았을 뿐 아니라 이후 학업 성적도 우수했습니다. 흥미로운 것은 이러한 구어 서술 능력은 수학 성적과도 깊은 연관이 있었다는 것입니다.

이처럼 구어 서술 능력은 아이들의 읽기 이해 능력에 날개를 달아 주는 가속페달과도 같습니다. 공부와 직결되는 읽기 이해 능력은 책만 많이 읽으면 쑥쑥 늘 줄 알았는데, 어휘만 많이 알면 잘할 줄 알았는데 그게 아니었던 겁니다.

말을 하기 위해서는 자신의 생각을 상대방이 알아들을 수 있게 정리하는 작업이 선행되어야 합니다. 서술이 논리정연하다는 것은 사고의 흐름이 논리정연하다는 것과 같습니다. 생활 속의 말하기에 논리가 쌓여 있으면 책 속에서 작가가 쓴 말의 흐름도 당연히 이해하기 쉽습니다. 서술 능력이 뛰어난 아이들은 논리가 바탕이 된 서술 구조를 이미 이해하고 일상에서 사용하고 있으니 글 속에 쓰인 서술 구조를 이해하는 데도 큰 어려움이 없습니다. 그동안 등한시했던 아이들의 모국어 말하기 능력이 읽기 이해 능력에, 더 나아가 전반적인 학습에도 영향을 미치는 것입니다. 이쯤 되니 말하기 능력을 읽기 이해 능력의 조력자 정도로만 칭하는 것이 미안해지기까지 합니다.

그렇기에 유아기에 모국어 구어 능력을 충분히 다져 주는 게 무엇보다도 중요합니다. 아이의 구어 능력을 발달시키기 위해서는 1부에서 언급한 바와 같이 부모의 말이 가장 중요한 학습 도구입니다.

아이에게 양질의 말을 끊임없이 들려 주는 것의 이점은 아무리 강조해도 지나치지 않습니다. 다양한 표현, 구체적인 서술, 인과 관계에 맞는 서술 등을 무수히 듣고 또 말해 보는 것이 아이들의 구어 능력 발달의 시작이자, 훗날 읽기 이해 능력의 발판이 되는 것입니다.

"그런데 어쩌나요? 우리 아이는 이미 초등학생이 되었는데, 아이에게 충분한 양질의 입력을 주지 못했어요. 그럼 이미 늦은 건가요?"

이렇게 걱정하시는 분들도 계시겠습니다. 빠르면 빠를수록 좋았겠지만 사실 지금이라도 늦지 않습니다. 앞서 제시된 연구의 대부분은 충분한 입력을 주지 못한 부모가 연구가 끝나는 시점까지 계속 부실한 입력을 제공했기 때문에 아이들의 어휘력이나 서술 능력이 떨어진 것으로 나타난 겁니다. 아이들이 실험 종료 전에 자신의 어휘나 언어능력을 키울 수 있는 기회를 얻을 수 있었다면 실험 결과는 달라졌겠지요.

지금부터라도 아이의 말을 확장해 주면 됩니다. 귀 기울여 아이의 말을 듣고 아이의 말에 덧붙여 말해 보는 것, 아이의 말에 구체적인 서술을 요구하는 것, 부모도 구체적인 서술을 하는 것, 이것으로 시작하는 겁니다. 책을 읽을 때도 읽기 전과 후에 그 내용에 대해 이야기해 보는 사고의 과정을 거치는 것이 아이의 서술 능력을 키우는 데 중요한 역할을 합니다.

∘∘∘ 책 읽기 전 준비 운동

탄탄하게 갖추어진 구어 능력은 읽기 이해 능력의 기초가 됨과 동시에 학년이 높아질수록 읽기 이해 능력을 큰 폭으로 상승시키는 데 도움을 준다는 점을 앞장에서 확인했습니다. 구어 능력은 기본적으로 소통 능력입니다. 소통을 원활하게 하려면 상대방의 말을 잘 이해하고 내가 전달하고 싶은 바를 명확하게 서술해야 합니다. 이런 면에서 읽기도 이와 맥을 함께 합니다. 작가가 쓴 글을 읽고 무슨 말을 하고 싶은 건지 이해하고 내 생각을 정리해 나가는 과정이 구어의 소통 상황과 유사하기 때문입니다.

소통의 과정이 유사하다고는 하나, 읽기는 구어 상황에서의 소통보다 어렵습니다. 면대면으로 만나 소통하는 상황에서는 이해가 되지 않으면 다시 물어볼 수도 있고 서로의 표정이나 말투 등으로 내포된 의미를 추측할 수도 있습니다. 그러나 읽기 상황은 궁금한 것이 있어도, 이해가 안 되는 것이 있어도 글을 쓴 사람을 붙잡아 놓고 직접 물어볼 수 없으니 답답하기 짝이 없습니다. 그 이해의 과정은 간혹 고통스럽기까지 합니다. 그렇기에 제아무리 구어 능력을 훌륭하게 갖췄다고 하더라도 책 한 줄 읽지 않고, 글을 읽는 훈련을 하지 않는다면 책을 잘 읽을 수 없습니다. 구어 능력은 훌륭한 조력자임에는 분명하나 모든 글을 단번에 이해하게 해 주는 요술봉은 아니기 때문입니다.

이런 복잡한 읽기 과정을 아이들이 처음부터 잘하기란 여간 힘든 일이 아닙니다. 그렇기에 아이가 책을 잘 읽을 수 있게 부모가 책 읽는 훈련을 시켜야 합니다. 훈련이라고 하면 거창하게 들리지만 그렇지 않습니다. 부모가 책을 읽어주는 유아기부터 책의 내용에 대해 함께 고민하고 생각을 꺼내 이야기해 보는 과정이 바로 읽기 훈련인 것입니다. 그런데 그중 가장 막중한 역할을 하는 것은 바로 읽기 전 준비 운동입니다.

외국인 학생들을 대상으로 한 읽기 수업에서도 가장 중요한 부분은 수업을 시작하는 도입 단계입니다. 이 단계는 학생들이 텍스트를 잘 읽을 수 있도록 준비 시키는 과정입니다. 텍스트 내용과 관련된 질문을 통해 학생들은 자신의 머릿속에 저장하고 있던 사전 지식이나 경험을 불러와 자신들만의 지도를 만들게 됩니다. 자신의 경험과 지식으로 만든 지도이니 이를 '스키마 지도'라고 이름 붙여 보겠습니다. 이러한 스키마 지도는 텍스트의 내용을 유추하고 맥락을 파악하는 데 상당히 중요한 역할을 하게 되죠.

아이들과 책을 읽기 시작할 때도 스키마 지도를 만들어 보는 게 반드시 필요합니다. 사실 책을 읽기 전 그림이나 제목을 보고 어떤 내용이 나올지 유추해 보라는 조언은 많이들 들어 보셨을 겁니다. 그래서 많은 부모들이 책을 읽기 전에 "이 그림은 뭐지?", "무슨 내용일 것 같아?" "누가 나올까?" 정도의 질문을 합니다. 그런데 아이들의 머릿속에 책의 제목이나 주제와 관련된 아이들만의 스키마 지도를 만들어 주려면 좀 더 구체적이고도 상세한 접근이 필요합니다. 피상적인 질문으로만 끝나 버리면 읽기 전 질문은 제 역할을 제대로 못한 채 그저 슬금슬금 사라져 버리고 맙니다. 아이들이 책을 읽기 전 머릿속에 큰 그림을 그려 수는 것을 목석으로 한 질문을 이어 가는 게 중요하죠. 그럼 이런 책 읽기 준비 운동을 어떻게 하는 걸까요?

┌─────────────────────────────┐
│ 거짓말은 왜 자꾸 커질까 │
└ ─ ─ ─ ─ ─ ─ ─ ─ ─ ─ ─ ─ ─ ┘

아이와 <거짓말은 왜 자꾸 커질까?>라는 책을 읽을 때 했던 준비 운동입니다. 이 책은 제목도 제목이지만 표지 그림이 매우 인상적입니다. 주인공이 멘 가방 위에 어마어마하게 큰 돌덩이 같은 것이 올려져 있고 주인공이 힘없이 바닥을 내려다 보며 걷고 있습니다. 여러분이라면 이 책을 읽기 전에 아이에게 어떤 질문을 할 것 같습니까? 저는 다음과 같은 이야기로 시작했습니다.

엄마: 어머나, 얘 좀 봐. 돌덩이를 어깨에 메고 있네? 무겁겠다.

아이: 엄마, 이게 돌덩이야?

엄마: 글쎄, 엄마도 정확하진 않은데, 돌덩이처럼 보이네. 너는 뭘로 보여?

아이: 돌 같아 보이기는 하는데 돌일 리는 없잖아. 어린이가 왜 이렇게 큰 돌을 들겠어.

엄마: 하긴, 어른들이 아이 가방 위에 이런 무거운 돌덩이를 올려놨을 리는 없고.

아이: 거짓말인가? 이 책 제목이 <거짓말은 왜 자꾸 커질까>잖아.

엄마: 그러네. 그럴 수도 있겠네. 아이고, 저게 거짓말이라면 쟤는 거짓말을 왜 메고 있지?

아이: 거짓말을 했으니까? 거짓말을 많이 했나 봐.

엄마: 무슨 거짓말을 저렇게 많이 한 거야?

아이: 그러게.

엄마: 그런데 사실은 엄마도 옛날에 거짓말해 본 적 있다?

아이: 엄마가? 진짜?

엄마: 옛날에 할머니한테 공부한다고 하고서 친구 집에 가서 놀았지. 엄마한테만 살짝 말해 봐. 너도 거짓말해 본 적 있지?

아이: 아니, 없어. 없어.

엄마: 에이. 진짜?

아이: 사실은 전에 나 일기 안 썼는데 썼다고 거짓말했어. 미안해.

엄마: 아, 그래? 언제? 엄마는 몰랐네.

아이:	근데 나 그때 기분 안 좋았어. 엄마한테 거짓말한 거 후회돼 가지고.
엄마:	그지, 엄마도 거짓말했을 때 마음이 너무 무거웠어.
아이:	얘도 나처럼 거짓말하고 저렇게 많이 후회하나 봐.
엄마:	그러게. 얘는 도대체 어떤 거짓말을 했을까? 한번 읽어 볼까?
아이:	그래.

아이와의 대화를 글로 옮겨보니 책 한 페이지를 다 차지할 정도의 길이네요. 굉장히 길어 보이지만 실제 아이와의 대화를 시간으로 재어 보면 5분도 채 안 되는 시간입니다. 이 5분도 안 되는 시간 동안 아이는 거짓말과 관련한 자신의 경험을 떠올리고 머릿속에 지도를 만듭니다. 그리고 그림책의 주인공이 처한 상황을 유추합니다. 그림책을 읽을 마음의 준비를 하는 거죠.

그림책은 표지 그림에서 많은 것을 얻을 수 있습니다. 제목에서도 끌어낼 질문이 많죠. 이 별것 아닌 책 읽기 전 대화는 아이들의 텍스트 이해에 큰 도움이 됩니다. 이야기의 흐름도 대강 짐작할 수 있을 때가 많습니다. 그러니 문자를 읽어 나가며 내용을 이해해야 하는 아이에게 이해에 대한 부담도 줄여 줍니다.

일단 저는 아이에게 "어머나, 얘 좀 봐. 돌덩이를 어깨에 메고 있네? 무겁겠다"라고 하면서 아이의 관심을 끌어왔습니다. 제 말을 들은 아이는 "돌덩이를 왜 메고 있지?"라는 생각을 했던 모양입니다.

그러니 '저게 돌덩이냐', '아이가 돌덩이를 메고 있을 리가 없다'라고 하면서 제 말에 반박합니다. 그리고선 제목과 연관 지어 돌덩이가 아니라 거짓말일 거라고 추측합니다.

아이 입에서 '거짓말'이라는 단어가 직접 나왔으니 저는 이 기회를 놓치지 않고 거짓말을 해 본 경험에 대해 이야기를 풀어 나갔습니다. 책의 제목에서 명시적으로 드러내고 있듯 이 책은 '거짓말'에 대한 내용일 겁니다. 거짓말에 대한 자신의 경험을 끌어와 읽기 준비를 시키는 게 무엇보다 중요하겠죠. 그런데 거짓말에 대한 경험을 이야기해 보는 게 중요하다고 해서 다짜고짜 "너는 무슨 거짓말을 해 봤어?"라든가 "쟤는 무슨 거짓말을 했을까?"라는 질문을 하면 대답을 듣지 못할 확률이 높습니다. 거짓말한 경험에 대한 질문이니 부모에게 쉽게 털어놓을 리가 없고요, 또 그림만으로 책 주인공이 도대체 어떤 거짓말을 했을지 유추를 할 수 없기 때문입니다. 그래서 저는 제 경험을 먼저 이야기했고요, 제 경험을 말하자 아이도 자신의 경험을 풀어 놓았습니다. 그리고 거짓말을 한 후의 감정에 대해서도 서로 이야기를 했습니다. 이로써 아이의 머릿속에는 자신의 거짓말 경험으로 만들어진 생각 지도가 그려지게 됩니다. 언제, 왜 그런 거짓말을 했으며 그때 내 감정이 어땠는지에 대한 내용으로 구성된 스키마 지도 말입니다. 아마도 책의 주인공 역시 제 아이 머릿속에 떠오른 거짓말 경험과 유사한 내용을 이야기할 확률이 높습니다. 그러므로 이러한 생각 지도는 아이가 책을 읽을 때 그 과정을 훨씬 더 수월하게 해 주겠지요.

스키마 지도가 머릿속에 그려지고 나면 책을 읽을 동기가 담긴 질문을 아이에게 던져 보는 것도 좋습니다. 저와 아이의 대화에서 제가 읽기 선 마지막 질문으로 "그러게, 애는 도대체 어떤 거짓말을 했을까? 한번 읽어 볼까?"라고 말했습니다. 이 질문을 한 이유는 아이에게 책을 읽을 동기를 줌과 동시에 책을 읽으면서 질문에 대한 대답을 한번 찾아보라는 요구를 하기 위함입니다.

책 읽기 준비 운동을 하고 내용 파악을 위한 질문을 받은 아이들이 그렇지 않은 아이들보다 더 집중해서 책을 읽게 됩니다. 지속적으로 이런 과정을 거쳐 온 아이들은 혼자 책을 읽을 때도 습관적으로 책 읽기 준비 운동을 하게 됩니다. 이런 아이들은 책을 읽기 전 제목이나 그림을 한참 유심히 쳐다보곤 합니다. 후에 글밥이 더 많아진 이야기책으로 옮겨가면 책 읽기를 시작하기 전에 목차부터 훑어 보기도 합니다. 그림이나 제목을 응시하거나 목차를 살펴보는 아이들은 그 시간에 혼자 내용에 대해 유추해 보고 자신만의 지도를 만들고 있는 것이지요.

3장
아이가 이끄는 대로 책으로 말하다

∘∘∘ 책에서 수시로 이탈하는 아이

아이와의 책 읽기는 부모의 뜻
대로 되지 않을 때가 종종 있습니
다. 읽기 전 대화를 나누고 아이가
부모가 읽어주는 책의 내용에 귀를
기울이며 질문도 주고받는 이런 아
름다운 풍경이 매번 연출되는 것은
아닙니다.

아이가 5살이 되던 어느 날 우리는

<무시무시한 그루팔로>를 잠들기 전에 읽고 있었습니다. 이 책은 똑똑한 쥐가 자신을 호시탐탐 노리는 동물들에게 기지를 발휘해 '자신이 숲속에서 가상 부서운 생넝세인 그루펄로의 친구다'라는 거짓 상황을 만들어 자신을 안전하게 지켜낸 이야기입니다. 쥐는 자기가 만들어낸 가상의 괴물, <그루팔로> 덕에 사나운 동물들과의 위기를 모면하고 한숨 돌리려는 순간, 거짓으로 지어낸 괴물이 실제로 떡하니 자기 앞에 나타난 것을 보고 망연자실합니다. 이 아찔한 상황을 쥐는 다시 한번 모면하고자 그루팔로를 속이기로 결심합니다. 쥐가 그루팔로를 속여 나가는 장면에서 '들키면 어떡하지!'하며 독자들은 두근두근, 그 긴장감이 극에 달하게 되죠. 바로 이 장면이었습니다. 긴장감이 막 고조되어 '다음 장면은 어떻게 될까?'가 궁금해지는 찰나에 아이는 갑자기 태연하게 그림 속의 한 장면을 가리켰습니다. 그리고 아이는 제게 물어봤습니다.

"여기 왜 잠자리가 있어?"

잠들기 전 동화책 읽기는, 모든 부모에게 숙제와도 같은 것입니다. 안 읽자니 우리 애만 빼고 다 읽는 것 같고, 생각해 보니 오늘 하루 제대로 읽은 책이 한 권도 없고, 그래서 그냥 넘어가자니 찝찝한 뭐 그런 것 말입니다. 이 시간은 아직도 에너지가 너무 많이 남아 있는 아이와 이미 다 털어 버린 에너지를 끌어와 이 시간을 빨리 끝내고 이제 좀 쉬고 싶은 부모, 이 양극단의 두 사람이 책 한 권을 사이에

두고 함께하는 시간이 아니겠습니까? 힘이 남아도는 아이는 시간의 구애 없이 동화책을 이렇게도 보고 저렇게도 보고 싶어 하고, 부모는 짧은 시간에 최대의 효율을 끌어내면서 이 시간을 끝내고 싶어 합니다. 이왕 읽히는 것이라면 아이에게 내용을 이해시키고 덤으로 한두 마디 말이라도 더 알려주고 싶은 게 부모 마음일 것입니다. 그런데 아이는 제 마음을 아는지 모르는지 한술 더 떠 물어봅니다.

"잠자리가 왜 파란색이야?"
"애는 눈이 왜 이렇게 커?"

아이가 손가락으로 가리키며 물어본 잠자리는 책의 주된 내용 파악에는 있어도 없어도 큰 차이가 없는, 숲속 풍경의 배경 중 하나로 그려진 것이었습니다. 주인공도 아닌, 한마디 배역을 맡은 인물도 아닌, 제 눈에는 보이지도 않는 그깟 잠자리가 뭐가 중요하다고 물어보는 걸까요? 사실 아이의 이런 질문은 엄마의 뒤엉킨 사심에 경종을 울린 것일지도 모르겠습니다. 그러나 그 당시 가야 할 목적지가 확실했던 저에게는 '이 장면에서 웬 잠자리? 하나도 이해를 못 했네?'라는 생각에 마음만 더 조급해질 뿐이었습니다.

이 동화책의 내용을 빨리빨리 정확하게 이해시키고 싶었던 저는 아이를 다시 원래의 책 내용으로 억지로 끌어들였습니다.

"아, 그렇네. 여기 잠자리가 있었네? 자, 그런데 그루팔로가..."

그러나 아이는 정해진 이야기 속으로, 텍스트 속으로 쉬이 들어오지 못했습니다. 그 잠자리가 뭐가 그리 신경이 쓰였는지 "쟤는 왜 저기에 있지? 저기서 뭐 하지?"하면서 잠자리에 집착했습니다. 아이가 엉뚱한 질문을 하든 말든 못 들은 척 저는 마지막 장까지 책을 읽었습니다. 그리고 책을 한 권을 완성했다는 엄마만의 만족을 하며 책 읽기 시간을 완료했습니다.

○○○ 외계어 책 읽기

그러던 어느 날 갑자기 아이는 저와의 책 읽기 행위를 완강히 거부하기 시작했습니다.

아이: 엄마가 읽지 마. 내가 읽을 거야.
엄마: 엄마가 읽어줘야지.
아이: 나 읽을 줄 알아.

한글을 읽을 줄 모르는데도 아이는 책을 빼앗아 들고 알아들을 수 없는 외계어로 책을 읽기 시작했습니다. '시간 끌며 뭐 하니?' 하는 마음으로 아이를 바라보고 있는데, 이게 웬일인가요? 아이는 그 어느 때보다도 신이 난 모습으로 외계어를 좋알대고 있는 게 아니겠습니까? 책의 처음부터 끝까지, 그림을 손가락으로 가리켜 가며 한참을 집중하여 책을 '읽고' 있었습니다. 그랬습니다. 아이는 제가 읽어줄 때와는 비교도 안 되게 즐기고 있었던 것입니다. 외계어로 책의 마지막 장까지 야무지게 읽고서는 아이는 "야, 다 읽었다! 재미있다!" 하며 만족스럽게 책을 덮었습니다.

아이의 만족감, 아이의 몰입, 아이의 즐기는 모든 모습이 저에게 적잖은 충격을 주었습니다. '지금까지 했던 것은 무엇이며 내용대로 끝까지 읽히려고 했던 것은 무엇이었던가', '누구를 위한 것이었나?' 라고 말입니다.

부모가 책을 읽어주는 것을 아이가 끝까지 즐겁게 듣는다면 아무 문제 없이 그냥 읽어주면 됩니다. 그러나 아이가 샛길로 빠지기를 원한다면 그냥 빠지는 대로, 아이의 관심이 가는 대로 부모가 따라가야 합니다. 그것이 바로 아이의 생각을 존중하는 것이며, 아이의 상상을 자극하는 것입니다. 또한 아이가 생각할 수 있는, 아이가 자신의 생각을 표현할 수 있는, 아이가 새로운 이야기를 만들 수 있는 장을 열어주는 것입니다.

아이들은 누가 봐도 뻔히 예상할 수 있는 '다음에 올 내용'도 엉뚱한 내용으로 갈음할 때가 종종 있습니다. 수많은 부모들은 이러한 엉뚱한 내용을 정해진 대답으로 잡아 주려고 합니다. '그게 아니라 이것'이라고 하면서 말입니다. 그러나 이러한 엉뚱한 대답이나 질문은 있는 그대로 받아 주어야 합니다. 책 읽기는 거기에서 멈추어도 괜찮습니다. 아이가 질문했을 때, 혹은 엉뚱한 이야기를 했을 때 아이의 말에 반응하면서 또 다른 이야기를 이어 나가면 되는 것입니다.

아이가 외계어 동화책 읽기에 푹 빠진 뒤로 저는 한동안 아이가 책을 읽을 때 옆에서 "아, 그래?", "이거 정말 신기한 일이네?" 정도의 추임새만 넣고 얌전히 앉아 있었습니다. 그리고 얼마 지나지 않아 <무시무시한 그루팔로>를 다시 꺼내 들었습니다. 이번에도 아이는 알 수 없는 외계어로 이야기를 이어 갔습니다. 그리고 바로 그 문제의 그 장면이 나왔습니다. 그때 저는 선수를 쳐서 모르는 척 넌지시 물어봤습니다.

엄마: 어? 여기 잠자리가 있네? 잠자리가 여기 왜 있지?

아이: 아까도 잠자리가 있었어.

엄마: 어디에?

아이: 쥐가 올빼미한테 거짓말할 때도 잠자리가 있었어.

엄마: 아, 그래? 엄마는 못 봤네?

아이: 잠자리는 쥐가 거짓말하는 거 다 아는 거야. 그루팔로는 모르는데.

저는 아이의 이 말을 듣고 갑자기 머리에 '딩' 하고 종소리가 들렸습니다. 그동안 제가 끝까지 읽히고 이해시키려고 했던 텍스트의 내용 따위는 이 시기의 아이에게 하나도 중요한 것이 아니라는 걸 깨닫는 순간이었습니다. 아이는 그림의 구석구석을 다 살펴보고 있었습니다. 눈이 동그래져서는 두리번 두리번거리는 잠자리가 마치 '나는 다 알고 있어'라고 하면서 은근슬쩍 지나치는 그 장면의 긴장감을 아이는 눈치챘던 겁니다. 잠자리가 진실을 말하는 순간 쥐는 절체절명의 순간을 맞이하게 될 게 뻔하니까 말입니다. 이렇게 아이가 이해하는 책의 내용은 문자 그대로의 내용보다 훨씬 더 생동감 넘치고 입체적이었습니다.

아이는 엄마가 몰랐던 부분을 자신이 설명해 준 것에 대해서 매우 뿌듯해하며 다음 질문을 했습니다.

아이: 여기 잠자리 말고 비밀을 아는 동물이 하나 더 있어. 누구게?
엄마: 누구? 또 있어?
아이: 응, 개구리. 여기 봐. 개구리가 있잖아. 개구리 눈도 잠자리 눈
        이랑 똑같아. 흐흐.

정말로 진실을 아는 개구리가 그림에서 두 번이나 나왔고 개구리도 잠자리처럼 눈을 동그랗게 뜨고 상황을 지켜보고 있었습니다.

아이가 원했던 것은 바로 이런 것이었습니다. 책을 읽다가 내가 발견한 것, 내가 설명하고 싶은 것, 내가 궁금한 것에 대해서 부모와 이야기를 하고 싶었던 것이었죠. 자기의 생각을 표현하고 싶었던 것이었습니다. 그리고 자신의 생각에 대해 부모가 이해해 주기를, 공감해 주기를 바랐던 겁니다.

그 후로 아이와 저는 번갈아 가며 책을 읽기 시작했습니다. 물론 아이는 한글을 읽지 못하는 상태였습니다. 아이의 읽기 차례가 되어 아이가 외계어로 읽을 때면 저도 질문을 했어요. "그런데 얘는 표정이 왜 이런 거야?", "여기 왜 이런 그림이 있어?" 뭐 이런 질문 말입니다. 그러면 아이는 신이 나서 열심히 설명을 해 주곤 했습니다. 아이에게 했던 질문은 내용에 대한 질문보다 그림에 대한 것, 엉뚱한 질문이 더 많았습니다. 제가 먼저 엉뚱한 질문을 해 버리자 아이는 저에게 무수한 질문을 더 퍼부었습니다. 자신감이 생긴 거죠. '엄마도 이렇게 엉뚱한 질문을 하는데 나도 아무거나 물어봐도 되겠다' 싶은 마음이랄까요. 그리고 아이는 그 이후로 책 읽는 시간이 의무가 아닌 즐거움, 아무 말이나 아무 생각이나 나오는 대로 조잘댈 수 있는 표현의 시간이 되었습니다.

그 이후로 거의 7세 중반이 될 때까지 우리는 마음대로 책을 읽었습니다. 아이가 이끄는 대로요. 아이가 책의 마지막까지 흥미를 가지고 이야기를 듣거나 읽으면 그러는 대로 끝까지 읽고 삼천포로 빠지면 빠지는 대로 그곳에서 이것저것 이야기를 하다가 읽기 시간을 마쳤습니다. 그러다가 다음에 다시 그 책이 눈에 들어오면 또 읽었고요, 그럴 때 끝까지 원내용을 다 읽기도 했고 또 다른 삼천포로 빠지기도 했습니다. 그렇게 아이는 자기 멋대로 책을 읽었고 저도 거기에 덩달아 아이가 가자는 대로 갔습니다. 아이에게 책 읽기는 상상 속의 날개를 펼치는 시간이자, 머릿속에 생각이 떠오르는 대로, 마음대로 주절거릴 수 있는 표현의 시간이 되었던 것입니다.

삼천포로 빠졌던 그 시간은 오롯이 아이가 이끄는 시간이었습니다. 새롭게 들어간 이야기 속에서 우리는 이런저런 이야기들을 많이 나눴습니다. 이야기를 하다 보니 꽁꽁 숨겨져 있었던 아이의 마음과 경험의 조각들이 하나하나 말속으로 묻어져 나왔습니다. 아이가 유치원에 갔다 와서 하지 않았던 이야기들이 툭툭 떨어져 나왔고 저 역시 그날 하루의 이야기들을 자연스럽게 하게 되었습니다. 그야말로 대화다운 대화였습니다. 아이와 저는 그림책에서 시작된 자투리 생각과 말에서 이야기를 이어 나갔습니다. 우리만의 이야기 속에서 우리는 수많은 상황에 대해 묘사했고 서로를 이해시키려고 자세한 설명을 이어 갔습니다. 그러는 중에 아이의 어휘력은 눈부시게 성장했고 자신의 경험, 느낌을 상세히 표현할 수 있는 아이로 성장하게 되었습니다.

4장
내용을 확인하는 순간,
아이는 흥미를 잃는다

○○○ 일방적인 질문은 피하기

아이와 책 읽기를 할 때 책의 제목이나 그림, 책에서 벌어지는 사건들에 대해 부모와 아이가 서로 질문하고 자신들의 생각을 주고받는 과정이 매우 의미 있다고 앞서 말씀드렸는데요, 책에서 발견되는 크고 작은 조각들을 보고 추측해 보는 것, 사건의 전후 관계를 따져보고 다음의 이야기를 유추해 보는 것은 사고력이 확장되는 순간이자, 내용 이해를 위한 첫걸음입니다. 그렇기에 많은 부모들은 아이와 책을 읽을 때 이런저런 질문을 많이 하게 됩니다.

"지금까지 읽은 내용이 뭐였어?"

"이 사람이 왜 이렇게 말했어?"

"이 사람이 앞으로 어떻게 할 것 같아?"

"이 사람 마음이 어땠을 것 같아?"

할라치면 백 개도 넘는 질문을 할 수 있습니다. 그러나 결론부터 말하자면 이런 다짜고짜 질문은 안 한 것보다 못한 것이 됩니다. 위에 제시된 질문의 내용이 나쁘다는 게 아니라 방법이 너무 일방적이어서 문제가 되는 겁니다. 여기는 입사 시험 면접장이 아닙니다. '내가 물어볼 테니 넌 대답해. 얼마나 이해했는지 한번 보자'라는 뉘앙스를 품은 질문을 들으면 아이는 맘 편하게 책을 읽고 있다가 난데없이 시험을 보는 느낌이 들게 될 것입니다.

저라고 이런 질문을 안 해 본 것은 아닙니다. 어느 날 아이가 책을 읽었다고는 하는데 대충 휘리릭 읽고서는 다 읽었다고 하는 겁니다. 제대로 안 읽은 게 뻔해서 물어봤지요. "그래서 그 책은 무슨 내용인데?"라고 했더니 제 속을 훤히 들여다보듯 뾰족해져서는 이렇게 대답했습니다.

"왜 확인하려고 해?"

아이와 책을 읽는 그 순간만큼은 동등한 입장에서 함께 읽고 이야기를 나누는 것이 좋습니다. 누군가 우위에 서서 이게 뭐냐고 확인

차 묻는 말에 자기 생각을 자유롭게 말하기란 그리 쉬운 일이 아닙니다. 갑작스러운 질문에 당황한 아이들은 '모르겠다'라고 일관하게 되고 또 그런 아이를 보고 답답해진 부모는 '아니, 주인공이 이걸 했잖아. 그럼 뭘 하겠어?'라고 아이를 다그치게 되기 일쑤입니다. 부모에게 이런 질문을 지속적으로 받고 제대로 대답을 못해서 핀잔을 듣는 일이 잦아지면 아이는 책 읽는 시간을 부담스러워할 수밖에 없습니다.

책을 읽으면서 아이와 질문을 주고받긴 해야 되는데 그럼 어떻게 하는 게 좋을까요? 아이가 이해를 했는지 안 했는지 궁금할 때 저는 혼잣말처럼 중얼거립니다. "아, 이거 다음에 무슨 이야기가 나왔더라?", "얘가 이걸 왜 했지?"라는 식으로요. 아이에게 질문하는 게 아니라 마치 저 혼자 내용을 생각하느라 중얼거리는 것처럼 말합니다. 그럼 내용을 아는 아이는 알려주고 싶어서 대번에 대답을 하게 되어 있지요. 혹은 내용에 대한 아이의 생각이 궁금하다면 부모의 생각을 먼저 말하는 것도 좋습니다. 아이에게 질문을 하고 아이의 대답을 기다리는 것보다 먼저 부모가 말을 꺼내 보는 겁니다. 아이가 부모의 생각을 듣고 '아, 내 생각과 같네', '어? 내 생각과 다르네?', '아, 이렇게 생각할 수도 있겠구나'를 생각해 볼 수 있게 말입니다. 책으로 이야기를 하는 대화의 물꼬를 부모가 먼저 트면 아이는 자연스럽게 자신의 생각을 이야기하게 됩니다.

◦◦◦ 몰리듯 부모의 생각을 먼저 말하기

아이와 <네모 상자 속의 아이들>을 읽을 때의 일입니다. 이 그림
책에 등장하는 세 명의 아이들은 아이라면 누구나 한 번쯤은 할 수
있는 잘못을 저지릅니다. 그런데 이 책 속의 어른들은 아이들이 하는
해명을 귓등으로도 듣지 않습니다. 아이들에게 잘못을 만회할 수 있
는 기회도 주지 않고 애초에 자신들이 내린 결정대로 아이들을 네모
상자 속에 가둬 버립니다. 예쁜 침대도 있고 재미난 장난감도 있는
곳이지만 아이들은 바깥세상과 격리되어 생활합니다. 부모들은 수요
일에만 아이들을 보러 오는데 올 때마다 값비싼 물건이나 음식들을
주고 돌아갑니다. 뭔가 납득이 가지 않는 상황이 계속 일어나고 있는
데 책을 읽는 내내 아이가 별 반응이 없는 겁니다. 아이가 이 상황에
대해 어떻게 생각하는지에 대해서 궁금해진 저는 넌지시 말을 걸었
습니다.

엄마: 이거 너무 심하지 않아?

아이: 응? 뭐가?

엄마: 아니, 아이가 좀 잘못을 했다고 해서 이렇게 네모 상자에 가둔 거 말이야. 엄마는 너무 가혹하다고 생각하는데.

아이: 엄마도 그렇게 생각했어? 나도 나도. 나도 좀 너무했다고 생각했 어.

엄마: 너는 어느 부분이 제일 심했다고 생각해? 엄마는 몇 번 잘못한 걸로 밖에도 못 나가게 상자 속에 가둔 거. 그 부분에서 아이들이 가엾다고 생각했어.

아이: 맞아. 나도 그랬어. 그리고 솔직히 그 아이들이 자기들이 잘못한 게 있긴 하지만 잘하는 것도 있다고, 착한 짓도 한다고 설명했잖 아. 그런데도 그런 말을 듣지 않고 자기들 마음대로 결정 내린 어 른들이 좀 나쁘다고 생각했어.

엄마: 그러네. 사람은 누구나 좋은 면도 있고 나쁜 면도 있는데 아이들 의 한두 가지 잘못만 보고 '나쁜 어린이'로 딱 정해 버린 건 어른 들이 잘못한 거야.

아이: 응응. 그리고 엄마 아빠가 수요일에만 오는 것도 너무하지 않아?

엄마: 그렇지. 일주일에 한 번만 엄마 아빠를 볼 수 있는 것도 지나친 벌이야.

아이: 맞아. 와서 안아주지도 않고 그냥 과자랑 장난감만 주고 가고. 아... 나는 너무 속상할 것 같아. 난 과자 따위가 필요 없고 엄마 따 위가 있어야 해.

엄마:　　엄마 따위? 하하하. '따위'는 중요하지 않은 거 얘기하는 건데?

아이:　　아, 그래? 그럼 나는 아무튼 소중한 엄마가 필요해.

　　사실 <네모 상자 속의 아이들>을 읽으면서 한편으로는 '요놈들, 요 장난꾸러기들, 혼 좀 나야지'라는 마음이 아주 없었던 것은 아닙니다. 속으로 잠시 했던 생각 때문이었을까요? 아이는 아마도 엄마 역시 어른들의 입장에서 생각할 거라고 짐작해서인지 자기 생각을 적극적으로 말하지 않았던 것 같습니다. 그래서 저는 일부러 더 과장하면서 '아이 입장'에 서서 아이의 편을 들며 이야기를 꺼냈습니다. '나는 네 편이야. 그러니 맘 편히 네 생각을 한번 말해 봐'라는 암시를 은근히 준 거였죠. 그러자 아이가 기다리기라도 한 듯 술술 자기 생각을 말합니다. 책을 읽고 자기 생각을 말하는 데 있어서 종종 뒤로 숨는 아이라면 부모가 이렇게 일부러 아이 입장에 서서 얘기해 보세요. 그럼 아이도 자기 생각을 말하게 됩니다.

　　책을 읽으면서, 혹은 책을 다 읽고 나서 책의 내용에 대한 이야기를 할 때 그냥 흘리듯 부모의 생각을 먼저 말하는 게 핵심입니다. 그때 부모의 생각을 듣고 아이가 자기의 생각을 이야기할 수도 있고 아무 말 없이 들을 수도 있습니다. 아무 말도 없으면 그냥 그대로 두면 됩니다. 이런 순간이 여러 번 이어지다 보면 물어보지 않아도 아이들은 자기 생각을 말하기 시작합니다. 부모의 생각이 궁금해지거든요. '내가 느낀 이 감정을 엄마, 아빠도 느꼈을까?' 하면서 말입니다.

5장
강력한 유추의 힘

○○○ **단어의 의미를 알게 하는 유추의 힘**

"엄마, 산만하다가 뭐야?"

아이가 혼자 책을 읽기 시작하면서 모르는 단어를 물어보는 일이
꽤 잦아졌습니다. 저와 함께 읽을 때도 모르는 단어를 종종 물어보긴
했지만 그때에 비해서 모르는 단어를 물어보는 일이 확연히 늘었습
니다. 제가 책을 읽어 줄 때는 듣고 그림을 보면서 책의 내용을 이해
했다면 이제는 문자를 보고 문자를 해석해 나가면서 글을 이해해야
하니 모르는 단어가 더 직접적으로, 더 크게 느껴졌을 겁니다. 아이가

여덟 살이 되어 혼자 읽기 시작한 책은 전에 읽던 책에 비해 그림은 적어졌고 글은 길어졌습니다. 단어의 뜻을 유추하려면 그야말로 전후 맥락을 파악하며 읽어야 하는데 모르는 단어가 나오면 이걸 빨리 해결해야 한다는 마음에 조급해져서는 다짜고짜 단어를 물어봅니다. 모르는 단어의 의미를 파악할 수 있는 앞뒤 문장을 다시 읽어 볼 마음의 여유가 없는 거죠.

사실 단어의 의미를 물어볼 때 가볍게 설명해 주는 것도 하나의 방법입니다. 그런데 모르는 단어의 뜻을 이렇게 금방 해결하는 버릇을 들이면 전후 문장에서 충분히 유추할 수 있는 단어도 그 뜻을 짐작하려는 노력을 안 하게 됩니다. 좀 느긋하게 한 문장만 더 읽어 보면 그 뜻을 알 수 있는데도 불구하고 그 순간의 답답함을 참지 못하는 것입니다. 문장 속 단어의 의미를 파악하려는 노력을 들이지 않는 거죠.

엄마: 산만하다는 말이 어디에서 나왔어? 그 문장을 읽어 볼래?
아이: 엄마, 나는 '산만하다'를 물어본 건데?

아이는 조급한 마음을 빨리 해결해 주지 않는 저에게 볼멘소리로 단어의 뜻만을 요구했습니다. 단어의 뜻을 가볍게 알려줄 수도 있었지만 아이에게 문맥을 통해 단어의 뜻을 알아차리는 연습을 시켜줘야겠다는 생각이 들었습니다. 더불어 스스로 단어의 의미를 찾을 수 있다는 자신감을 심어 주고도 싶었고요. 그래서 다시 한번 물어봤습니다.

엄마:	그 책에서 산만하다가 어떻게 쓰였는지 궁금해서 그래.
아이:	산만해 여사가 이름처럼 몹시 산만하기 때문입니다.
엄마:	아, 그것만으로는 산만하다 뜻을 모르겠네. 그 뒤를 한번 읽어 봐.
아이:	첫 장 첫 줄을 읽고 나면 엉덩이가 근질근질해서 몸이 저절로 비비 꼬입니다. 냉장고 문도 열어 보고 텔레비전도 켜 보고 다른 책들도 들춰 봅니다.*
엄마:	아유, 정신없다, 정신없어. 이거 했다 저거 했다 그러네. 이런 사람이 어떤 사람?
아이:	아, 산만한 사람!

사실 초등학교 저학년 아이가 읽는 책에 나오는 단어는 고만고만한 수준의 단어입니다. 설령 좀 어려운 단어가 나왔다고 하더라도 그 의미를 파악할 수 있는 상황이 친절하게 나오는 경우가 대부분입니다. 그래서 오히려 이 시기가 아이가 문장과 문장을 오가며 모르는 단어의 의미를 진득하게 유추해 보는 연습을 하기에 더없이 좋은 때입니다. 모르는 단어가 나와도 당황하지 않는 것, 앞뒤 문장이나 상황을 보면 대충은 단어의 의미를 알아맞힐 수 있다는 것을 직접 경험해 보는 것이 무엇보다도 중요합니다. 퀴즈의 정답을 맞혔을 때의 짜릿함을 여기서도 느끼는 것이지요.

아이가 단어를 물어볼 때 그 단어가 쓰인 문장을 한번 읽어 보세

* <안읽어 씨 가족과 책 요리점> p. 14

요. 그 문장만으로 유추가 어려울 때는 앞뒤 문장을 함께 읽어 보면서 단어의 뜻을 짐작해 보는 겁니다. 아이가 맥락 속에서 단어의 뜻을 유추해 나가는 연습을 거듭하는 과정에서 아이의 어휘력은 늘어갑니다. 이런 연습이 계속되면 아이는 이렇게 물어보게 됩니다.

아이: 엄마, 청결은 깨끗하게 하는 거야?
엄마: 응, 맞아. 청결은 깨끗하게 하는 거야.

아이가 읽었던 내용은 다음과 같습니다.

얼마 전부터 이 마을에서는 청결 운동을 했습니다. 사람들이 집 안을 깨끗이 하고 쓰레기를 잘 치우자 쥐들의 먹이가 사라져 버렸지요.*

* <형광 고양이> p. 26

아마도 예전이었다면 "청결이 뭐야?"라고 '청결'이라는 모르는 단어를 보자마자 즉각적으로 물어봤을 텐데 아이는 궁금한 마음을 잠시 누르고 다음 문장을 읽어 본 것입니다. 그랬더니 친절하게도 바로 다음 문장에서 '사람들이 집 안을 깨끗이 하고 쓰레기를 잘 치우자'라는 단어에 대한 설명이 나옵니다. 그래서 아이는 아마 '청결=깨끗하게 하고 쓰레기를 치우다'라고 이해하고선 저에게 확인차 질문을 해 본 것입니다.

물론 모든 단어의 유추가 이렇게 깔끔하게 딱 해결되지는 않습니다. 단어에 대한 설명이 친절하게 나오지 않을 때도 있고 한참을 더 읽어야, 혹은 한참 전에 나온 내용에서 단서를 찾아야 할 때도 있습니다. 그럴 때는 시간을 너무 끌지 말고 단어의 뜻을 가볍게 알려주면 됩니다.

책을 읽으면서 하게 되는 단어의 의미 유추는 모르는 단어의 뜻을 짐작할 수 있게 함으로써 읽기를 한층 더 수월하게 합니다. 이와 같은 단어의 의미 유추는 문장 속, 더 나아가 문장과 문장 간의 관계를 이해하는 데서 시작됩니다. 어휘력은 문장을 이해하고 문장 간의 관계를 파악하고 그 사이에서 단어의 의미를 찾아내는 유추의 힘에서 비롯됩니다.

◦◦◦ 맥락을 파악하게 하는 유추의 힘

책 읽기를 하면서 유추를 통해 어휘력이 늘어갑니다. 그런데 이런 유추의 힘은 전반적인 글의 내용 이해에 필수 조건인 맥락을 파악하는 데서 그 진가를 발휘합니다. 맥락의 이해는 한낱 단어의 의미 유추와는 비교할 수 없을 정도로 중요합니다. 맥락을 파악한다는 것은 앞선 내용을 이해하고 이 내용 다음에는 아마도 저런 내용이 이어질 것이라는 추측을 말합니다.

책의 서술 구조상 특정한 패턴이 반복될 때가 있는데 그 경우에는 맥락 파악이 비교적 간단합니다. 예를 들어 <알사탕>에서 동동이는 문방구에서 사탕을 사고선 사탕을 먹기 시작합니다. 사탕을 하나 먹자 이상한 일이 벌어지죠. 말할 수 없는 대상들의 이야기를 듣게 됩니다.

아이: 어! 동동이가 사탕을 하나 더 먹었다!

엄마: 이번엔 점박이 무늬 사탕을 먹었네?

아이: 아까 소파 말을 들었으니까 이번엔 누구 목소리를 들으려나?

동동이는 사탕을 먹을 때마다 그동안 대화할 수 없었던 대상들의 마음속 이야기를 듣게 됩니다. 그러니 아이는 유추합니다, 이번에도 동동이가 사탕 하나를 먹고 누군가의 목소리를 듣게 될 거라는 걸요.

다시 <네모 상자 속의 아이들>을 보겠습니다. 이 이야기는 서로 다른 공간에서 살던 말썽꾸러기 아이들이 제각각의 잘못을 저지르고 어른들의 결정에 의해 상자 속으로 들어가 살게 되는데요, 이야기의 구조가 반복됩니다. 아이가 말썽을 부리고 어른들이 아이들의 자유를 빼앗겠다는 통보를 하고 아이들은 이에 자신들이 그럴 수밖에 없었던 이유와 또 나쁜 아이만은 아니라는 변론을 합니다. 그럼에도 어른들은 그 이야기를 듣지 않고 네모 상자 속으로 넣어 버리는 패턴이 반복되는데요, 이런 이야기도 구조를 파악하면 아이가 다음에 오는 이야기를 유추할 수 있습니다.

엄마: 이거 다음에 무슨 내용이 오려나?

아이: 아까 패티도 선생님들한테 막 자기가 잘한 것도 있다고 얘기했으니깐 미키도 자기 속마음을 얘기할 것 같아.

이렇게 명확한 패턴으로 구성된 이야기가 아니어도 맥락 파악이 가능한 아이들은 다음에 올 내용을 유추할 수 있습니다. 사건의 전후 관계를 파악함으로써 다음에 어떤 상황이 펼쳐질지 짐작해가며 책을 읽는 것입니다. 다음은 <화요일의 두꺼비>라는 책의 내용입니다.

　　워턴은 툴리아 고모한테 딱정벌레 과자를 갖다 드리려고 스키를 타고 여행
하고 있다고 말했습니다.

　　사슴쥐는 좋은 생각이라고 말했습니다. 하지만 워턴이 갈 곳을 가리키자, 사
슴쥐는 눈이 휘둥그레졌습니다. 사슴쥐가 소리쳤습니다.

　　"앗, 저 골짜기로 가면 안 돼."

　　워턴은 눈을 깜박이며 말했습니다.

　　"왜?"

　　사슴쥐가 바싹 다가와 소곤거렸습니다.

　　"거기엔 올빼미가 살거든. 아마 이 세상의 올빼미 중에서 가장 비겁하고 심
술궂은 놈일걸?"

　　<중략>

사슴쥐는 상자에서 조그만 목도리를 꺼냈습니다. 아주 독특하고 예쁜 빨간색 목도리였어요.

"이 목도리를 두르고 가면, 우리 친척들이 네가 내 친구라는 걸 알 거야. 그리고 네가 어려운 일을 당하면 반드시 널 도와줄 거야."*

아이가 이 글을 읽고 맥락을 파악하고 얼마나 유추를 하는지 궁금해져서 슬쩍 말을 걸었습니다.

엄마:　사슴쥐가 워턴이 가는 곳을 듣고선 눈이 휘둥그레졌네. 무슨 일이 있나?

아이:　워턴이 가려는 데가 엄청 무서운 데래.

엄마:　그래? 뭐가 그렇게 무섭대?

아이:　무서운 올빼미가 있대.

엄마:　근데 뭐 올빼미를 안 만날 수도 있잖아.

아이:　만날 것 같은데? 그러니깐 올빼미 얘기를 했겠지.

엄마:　아, 그런가? 아유, 그럼 어쩌지? 올빼미는 두꺼비 잡아먹을 텐데.

아이:　근데 사슴쥐 가족들이 도와줄 것 같아. 빨간 목도리 줬잖아.

아이는 워턴과 사슴쥐의 대화에서 워턴이 앞으로 위험에 처할 것이라는 것, 그 위험은 올빼미를 만나는 것이라는 내용을 유추했습니다. 그러나 이 이야기가 비극적이지만은 않을 거라는 것도 예측합니

* <화요일의 두꺼비>p19~21

다. 사슴쥐가 자신과 친구라는 것을 보여줄 증표인 빨간 목도리를 주는 장면 때문입니다.

이 대화에서 앞으로 벌어질 일을 유추한 아이는 아마도 가볍고 즐거운 마음으로 내용을 읽어 나갈 것입니다. 워턴이 올빼미를 만난다면 역시 자신의 유추가 맞아떨어졌으니 신이 나서 읽을 것입니다. 행여 워턴이 올빼미를 만나지 않는다 해도 '어라, 이상한데?'라고 하면서 자신의 유추를 되돌아보고 다시 새로운 유추를 시작할 것입니다. 더 나아가 작가가 글을 전개하는 방식이나 내용을 비판하며 자신의 생각을 펼칠 수도 있고요.

책을 읽으면서 쌓게 되는 맥락 파악의 능력은 유추하는 힘을 키워줍니다. 맥락 파악은 읽기 이해 능력을 키우는 힘이며 더 나아가 아이들의 글에도 영향을 미치게 됩니다. 어느 날 아이가 캐나다에 살고 있는 이모에게 편지를 썼습니다. 이모에게 무슨 말을 할까, 꽤나 오랫동안 고민을 하다가 예전에 이모와 통화할 때 이모 집에 대해서 이야기를 나눈 게 생각났나 봅니다. 그래서 아이는 이모에게 간단한 인사말을 쓴 후 이렇게 편지를 쓰기 시작했습니다.

이모 집에는 계단이 있어서 좋겠어요.

이모 집의 동물들은 잘 있나요?

이모 집에 꽃도 많나요?

캐나다에는 바다가 많나요?

이모 집에 가서 이모랑 만나고 싶어요.

아이는 가만히 자기가 쓴 편지를 읽어 보더니 열심히 뭔가를 지
우기 시작했습니다. 뭘 지우나 하고 봤더니 '캐나다에는 바다가 많나

요?'라는 문장을 지우더군요. 그래서 제가 물어봤습니다.

엄마: 그거 왜 지워?"
아이: 갑자기 '캐나다'를 생각하니까 여행이 생각나고 또 수영하고 싶
        어져서 캐나다에 바다가 많은지 궁금해져서 썼는데 여기에는 안
        어울리는 것 같아.
엄마: 왜 안 어울리는 것 같아?
아이: 아니, 이모 집에 대해서 내가 물어보고 있었잖아. 이모 집 계단,
        동물, 꽃. 그런데 갑자기 캐나다 바다가 나오니까 안 맞지.

아이는 나름의 맥락을 생각하며 편지를 쓰고 있었던 것입니다. 이모의 안부와 이모 집에 대한 이야기를 하는 중에 갑자기 캐나다 바다를 이야기하는 것은 맥락에 맞지 않다고 생각하여 수정한 것입니다. 이렇듯 책 읽기에서 얻은 맥락 파악의 능력은 아이의 글쓰기에도 영향을 미칩니다. 글에서 맥락을 파악하고 모르는 단어의 뜻 또는 다음의 내용을 유추하는 힘은 아이가 중구난방 생각이 나오는 대로 글을 쓰게 내버려 두지 않습니다. 핵심 내용을 생각하고 그 내용에 어울리는 문장을 쓰게 하죠. 그리고 문장과 문장 간의 관계를 생각하게 하는 겁니다.

6장
아는 단어가 많으면
읽기 능력이 좋아질까?

○○○ 맥락 없는 어휘 공부는 무용지물

아이가 초등학교에 입학하게 되면서 제 마음도 덩달아 바빠지기 시작했습니다. 아이가 학교에 잘 적응을 할 수 있을지, 교과와 관련된 준비를 하나도 하지 않았는데 수업을 제대로 따라갈 수 있을지 걱정이 앞섰기 때문입니다. 그러던 어느 날 아이가 저에게 말했습니다.

아이: 엄마, 친구들은 문제집을 푼대.

엄마: 문제집? 어떤 문제집?

아이:　　국어 문제집도 있고 수학 문제집도 있고 하여튼 문제집을 사서
　　　　공부한대.

너무 안일한 부모였나 싶은 마음에 어떤 문제집이 있나 구경도 하고 여차하면 한두 권을 사서 아이에게 풀려 볼 심산으로 서점을 들렀습니다. 초등 코너에 들어가자마자 제 눈은 휘둥그레졌습니다. 저는 왜 진작 초등 코너를 들러 볼 생각을 하지 않았을까요? 화려하게 전시된 각종 문제집을 정신없이 구경하고 있던 차에 제 눈에 들어온 책들이 있었습니다. 바로 어휘 문제집이었습니다.

'초등학생에게 어휘 문제집?'

저는 사실 어휘 문제집이 있다는 사실을 그날, 그 자리에서 처음 알게 됐습니다. '요즘은 어휘도 문제집으로 공부하네?' 하면서 별생각 없이 문제집을 펼쳐 본 순간 이걸 뭐라고 표현해야 할지 모를 감정으로 제 마음이 뒤엉켰습니다. 제가 뭘 놓치고 잘못 봤나 싶어서 다시 앞장으로 돌아가고 돌아가기를 여러 번 반복했습니다.

단어 폭격이었습니다. 아무 맥락 없이 갑자기 단어들이 줄줄이 등장하고 그 단어들의 유의어나 반의어가 나옵니다. 맥락 없는 단어들이 죽 줄지어 서 있었습니다. 그리고 이 단어들의 사전적 의미가 쓰여 있습니다. 제시된 단어의 수준은 초등학생용인데 그 단어를 설명하는 설명은 성인용 사전 수준입니다. 밸런스가 맞지 않죠. 아이들이 제시된 단어는 아는데 단어 설명을 이해 못하는 웃지 못할 상황이 벌

어질 것 같습니다. 그나마 단어 리스트가 있고 단어의 설명을 써 놓은 책은 양반입니다. 단어 리스트는 물론이요, 단어 관련 주제도 없고 상황도 없는데 다짜고짜 단어 문제를 풀라고 합니다. 무슨 단어가 답일 줄 알고 그걸 어떻게 풀 수 있을까요? 그리고 그런 문제를 왜 풀어야 하나요?

물론 이 단어들은 모두 알아야 할, 알면 좋은 단어들임에는 분명합니다. 교과서에 나오는 단어들을 중심으로 만든 문제집들이었으니까요. 이 단어들을 알아야 한다는 필요성에 대해서 의문을 제기하는 것은 아닙니다. 아이에게 어휘 학습을 시키는 방법적인 면에서 놀랐던 것입니다.

모국어의 어휘력은 외워서 실력을 늘리는 게 아닙니다. 그것도 이렇게 아무 맥락 없이 단어가 죽 적힌 리스트를 보면서 사전적인 뜻을 확인하고 기억했다가 단어 뜻을 찾는 문제를 풀어 보는 방법은 한국어를 외국어로서 배우는 성인 학습자들에게도 적용하지 않는 방법입니다. 아무런 맥락도, 동기도 없는 어휘 학습을 오래도록 견뎌 낼 학생이 많지 않을뿐더러 학습 효과도 없기 때문입니다. 그런데 하물며 모국어 어휘를 이렇게 배우다니요? 그것도 이제 겨우 공부란 걸 막 시작하는 초등학생들에게요. 이런 방법은 아이들의 어휘력 향상에 도움이 되지 않습니다. 되려 '어휘 공부란 이렇게 지루하고도 재미없는 것이구나'를 알려줄 뿐입니다.

앞서 <유추의 힘>에서도 언급한 바 있습니다만 어휘력은 문장 속에서, 맥락 속에서 더 나아가 생활 속 듣고 말하는 상황에서 새 어휘의 의미를 유추해 가면서 늘려가는 것입니다. 존재하는 어휘가 얼마나 많은데 그걸 어떻게 다 외우려고요? 외운다고 한들 그 어휘가 내가 봐야 할 시험에, 글에 나온다는 보장이 없습니다. 그렇기에 개별적인 어휘를 많이 배우고 외워서 읽기 능력을 향상시키겠다는 시도는 무모해 보이기까지 합니다. 어휘력을 키우고 싶다면 아이의 수준에 맞는 적당한 도서를 잘 찾아 지속적으로 읽히고 유추하고 확인하는 과정이 반복되어야 하는 거죠. 적어도 모국어의 어휘 연습은 이런 식으로 이루어져야 합니다. 그래야 시험이나 글에서 새로운 어휘를 만날 때 스스로 해결해 나갈 수 있습니다.

○○○ 어휘력을 키워야 하는 진짜 이유

최근 어휘를 필두로 한 책들이 넘쳐나고 있습니다. 그러한 책들은 일관되게 한목소리를 내며 주장합니다. '어휘력이 좋아야 독해력이 좋아진다'라고요. 아는 어휘가 많아야 읽기를 잘한다는 겁니다. 그런데 애석하게도 아는 어휘가 많다고 읽기 능력이 높아지지는 않습니다. 영국 옥스퍼드 대학에서 <어휘는 중요하지만 읽기 기술의 모든 것은 아니다>라는 제목의 논문을 발표했습니다. 이 연구에서 어휘력은 개별 단어를 빠르게 인식하는 데에는 긍정적으로 작용했으나 전반적인 글의 이해에는 유의미한 영향을 미치지 못했다는 결과를 내

놓았습니다. 이 연구 결과는 어휘력이 중요하지 않다는 메시지를 전달하는 것이 아닙니다. 어휘'만' 많이 안다고 해서 읽기를 잘하는 것은 아니라는 것을 말하고 있는 겁니다. 그렇기에 어휘력만 풍부하면 독해가 저절로 뚝딱 해결되는 것처럼 여기며 무리한 어휘 학습을 시키는 것은 그 어느 것에도 도움을 주지 못합니다.

그렇다면 어휘력은 왜 필요할까요? 어휘력이 좋다고 해서 읽기를 잘하는 것도 아니라는데 어휘력은 왜 필요한 건가요?

어휘 학습이 필요한 궁극적인 이유는 표현을 위해서입니다. 텍스트상에서 어휘의 의미를 유추하며 익히는 과정이 쌓이고 쌓여서 종국에는 자기생각을 말이나 글로 효과적으로 표현하는 데 사용되는 것이죠.

풍부한 어휘력은 생각에 깊이를 더해줍니다. 머릿속은 내가 알고 있는 지식과 생각으로 가득한 것 같지만 막상 말이나 글로 표현할 수 없을 때가 많습니다. 생각을 밖으로 꺼내려는 순간 생각들이 신기루처럼 사라질 때가 있죠. 표현할 수 없는 이유는 그 생각을, 그 앎을 어떤 말로 어떻게 드러내야 할지 모르기 때문입니다. 이러한 이유에서 우리는 어휘력이 필요합니다. 내 생각을 드러내 주는 '말'이 필요합니다. 내 생각을 전달해야 하는데 어휘력이 부족하면 효과적으로 표현할 수가 없습니다. 책 읽기를 통해 향상된 어휘력으로 표현을 할 수 있게 되는 것, 여기에서 어휘력을 키워야 하는 목적을 찾아야 하겠습니다.

문제집을 풀고 싶다던 아이에게 결국 저는 한 권도 사 주지를 못

했습니다. 어휘를 그런 식으로 연습시키는 것이 아이에게 결코 도움이 되지 않을 거라는 것을 알기 때문이었습니다. 그래도 문제집 같은 걸 풀어보고 싶다던 아이에게 저는 짧은 이야기 한 페이지를 읽히고 모르는 단어를 동그라미로 표시하게 했습니다. 그리고 아이에게 단어의 뜻을 유추하게 하고선 그 단어로 문장을 만들어 보기도 하고 제가 퀴즈를 내기도 하면서 문장 놀이를 해 봤습니다. 그것이 제 아이의 첫 문제집 풀기가 되었습니다.

7장
책과 책을 연결하여 넓게 읽기

　무심코 채널을 넘기다 보면 예능 프로그램 중 열에 대여섯은 먹는 방송입니다. 삼겹살과 같은 평범한 메뉴를 먹을 뿐인데도 상추에 고기와 갖은 야채를 차례차례 올리고 적당한 양념을 곁들여 한입 크게 베어 물면 '먹을 줄 안다', '맛있게 먹는다'와 같은 찬사가 쏟아져 나옵니다. 똑같은 밥과 반찬이 있어도 무엇을 어떤 조합으로 먹는지에 따라 '맛있게 먹는다'와 '맛없게 먹는다'로 평가가 갈라집니다. 책 읽기도 마찬가지입니다. 똑같은 책을 읽어도 더 재미있게 즐기면서 읽을 수도 있고 그렇지 않을 수도 있습니다.

아이와 <밤을 켜는 아이>라는 책을 읽던 날입니다. 이 이야기의 주인공은 밤을 좋아하지 않습니다. 밤을 좋아하지 않는 아이는 밤만 되면 어둠을 밝힐 수 있는 모든 등불을 켭니다. 그런데 아이는 어둠을 없애려고 하면 할수록 외로워집니다. 여름밤을 넘나들며 뛰어놀고 있는 아이들과 함께 놀고 싶은 마음이 점점 커져서요. 그때 어둠이 찾아옵니다. 어둠은 아이에게 밤을 켜는 방법을 알려줍니다. 환하게 밝혀진 램프를 하나씩 끌 때마다 밤의 소리와 밤의 빛이 켜지기 시작합니다.

둘은 계단을 오르내리며 밤을 켰어요. 어둠을 켰지요. 개구리가 살아나게, 별이 살아나게, 달이 살아나게, 방마다 밤이 살아나게 했어요. 그리고 둘은 귀뚜라미 소리를 켰어요. 개구리 소리도 켜고 하얀 아이스크림 달도 켰어요.*

아이: 어어, 엄마. 이거 비슷한 느낌이 있었는데?

엄마: 응? 비슷한 느낌이 든 적이 있었다고?

아이: 응응. 뭐였지? 아, 맞다. 엄마, 달 샤베트! 달샤베트야!

엄마: 아, 달샤베트?

아이: 응응. 엄마 우리 달샤베트도 가져와서 다시 읽어 볼까? 이거랑 같이 읽으면 재미있을 것 같아.

아이가 한때 푹 빠져 여러 번 읽었던 <달샤베트>를 오랜만에 다시 꺼내 와 함께 읽기 시작했습니다.

* <밤을 켜는 아이> 본문 중

아이: 엄마, 달샤베트에서는 달이 녹아 버렸어, 그치?

엄마: 응. 더위에 녹아서 달물이 똑똑 떨어졌지.

아이: <밤을 켜는 아이>에서는 아이가 어둠이랑 달을 켰는데 <달샤베트>에서는 달이 녹는 바람에 달을 켤 수 없게 됐어.

엄마: 그렇지. 그런데 반장 할머니라도 달물을 받아서 다행이었어.

아이: 맞아. 그건 다행인데 근데 어둠이는 슬퍼했을 것 같아.

엄마: 왜? 뭘 슬퍼했을까?

아이: 어둠이는 사람들이 불을 끄면서 밤을 켜주길 바랐을 텐데 <달샤베트>에서는 정전이 되기 전까지 달이 켜졌는지 안 켜졌는지 아무도 몰랐으니까. 아무도 어둠이를 기다리지 않았으니까.

엄마: 아, 그렇네. 그럴 수도 있겠네.

아이: 할머니 달샤베트는 나도 먹어 보고 싶다.

엄마: 엄마도. 엄청 시원하고 달콤하겠지?

아이: 응. 밤을 켜는 아이가 달샤베트를 먼저 먹어봤으면 더 일찍 밤을 좋아하게 됐을지도 몰라. 그치?

아이는 <밤을 켜는 아이>의 '아이스크림 달도 켜고'라는 부분에서 달달한 맛의 달을 떠올리다가 녹아 버린 달물로 만든 달콤한 <달샤베트>를 떠올렸던 모양입니다. 정말 티끌처럼 작은 책의 한 부분에서 다른 책의 내용을 떠올린 거죠. 그런데 사소한 부분에서 시작된 책과 책의 연결이 의외로 의미 있는 해석으로 이어졌습니다. 깜깜한 밤에 인위적인 불빛을 꺼야 별과 달이 켜지고 밤의 소리도 켜지는데,

<달샤베트>에서는 켜져야 할 밤이 달이 녹아 버리는 바람에 켜지지 않았습니다. 아무도 몰랐던, 켜지지 않은 밤에 대해 아이는 주목하고 어둠이에게 감정을 이입해서 아무도 자신의 존재에 관심을 가지지 않았던 것에 서운했을 거라 말합니다. 또 밤을 싫어했던 아이가 할머니가 만든 달콤한 달샤베트를 먼저 먹어 봤다면 밤이 켜지는 것을 더 빨리 좋아하게 됐을지도 모른다는 엉뚱한 상상을 했죠. 사실 <달샤베트>를 처음 읽었을 때 아이는 그저 달콤한 달샤베트를 연상하며 공상의 나래를 펼친 것에서 그쳤는데 <밤을 켜는 아이>를 읽은 후에는 이 두 책을 연결시켜 아이만의 또 다른 의미를 찾아낸 것입니다.

노란 양동이 vs 마법의 그림물감

아이: 엄마, 노란 양동이에 나온 여우가 마법의 그림물감에도 나오는 거 알아?

엄마: 응? 그게 무슨 말이야? 주인공이 똑같아?

아이: 아니, 그건 잘 모르겠는데 그림이 똑같아. 처음엔 똑같아서 <노란 양동이>에 나오는 아기 여우가 커서 <마법의 그림물감>에 나오는 화가가 됐나 생각했지. 그런데 그건 사실인지 아닌지 모르겠어. 그럴 수도 있고 아닐 수도 있겠지?

아이와 함께 <노란 양동이>와 <마법의 그림물감>, 이 두 권의 책을 꺼내 놓고 보니 정말이지 그림이 비슷합니다. 그래서 '같은 사람이 쓴 그림책인가?'하고 찾아보니 <노란 양동이>의 그림작가가 <마법의 그림물감>의 글과 그림을 쓴 겁니다. 같은 이름을 발견하고선 아이와 즐거워합니다. 그리고 그림 작가가 어째서 동화를 쓰게 됐는지 작가의 이야기를 찾아 읽어 보며 작품을 쓰게 된 배경에 대해서도 같이 이야기해 봅니다. 대단치 않은 이런 사소한 발견들도 아이에게는 책을 읽는 신선한 즐거움이 됩니다.

그림책을 읽다 보면 이야기마다 연결 지을 만한 부분이 꽤 많습니다. 주인공, 이야기의 배경, 일어난 사건, 주제 등에 대해서 떠오르는 대로 이야기를 이어 가다 보면 책과 책 사이 의외의 연결 고리를 찾아낼 때가 있습니다. 이것은 지금 읽고 있는 책 속의 아주 작은 조각에서 전에 읽었던 책 내용의 한 부분이 떠오르는 것에서부터 시작됩니다. 이 연결점이 말이 됐든 아니든 이야기와 이야기를 비교하며 생각하다 보면 아주 소소한 즐거움을 발견할 수 있을 뿐만 아니라 나무가 아닌 숲에서 이야기를 바라보며 생각의 그릇을 키워나갈 수 있습니다.

한 권의 책 속에 나오는 주인공, 장면 그리고 이야기는 그 책에서만 머무는 것이 아닙니다. 책을 제대로 읽었다면 기억에 남는 인상적인 장면, 주인공, 이야기의 결말, 혹은 그 배경이 독자의 마음속에 한 자락 남아있기 마련입니다. 남아있던 그 한 자락이 새로운 책을 읽을 때 되살아나 이 책과 저 책을 연결 짓게 되지요. 아이의 머릿속에 이야기의 넝쿨이 얽혀지고 그곳에서 아이는 자기만의 생각과 이야기를 만들어 갑니다.

그것이 비록 별다른 의미가 없어 보이고 사소해 보일지라도 책과 책을 비교해 보고 이야기해 보는 시간을 가져 보시길 바랍니다. 이 책에서 나온 여우와 저 책에서 나온 여우가 어떻게 다른지, 이 책에서는 친구를 어떻게 사귀었고 저 책에서는 어떻게 했는지 이야기를 나눠 보는 겁니다. 책과 책 사이를 자유롭게 넘나들며 저 높은 곳에서 내려다보면서 책과 책을 이어 가는 시간은 아이들의 서술 능력과 사고력을 확장해 줄 것입니다.

1장
입력에 매달리는 순간

○○○ 입력과 출력의 시소 타기

시소를 탔을 때의 기억을 떠올려 보겠습니다. 체중이 비슷한 두 사람과 체중 차가 많이 나는 두 사람이 시소를 탔을 때 어느 경우가 더 재미있을까요? 체중이 비슷한 두 사람이 타고선 '올라갔다, 내려갔다'를 균형 있게 오가는 편이 훨씬 더 재미있을 것입니다. 또래 친구들보다 체중이 적게 나가는 제 아이는 그래서 시소 타기를 좋아하지 않습니다. 대롱대롱 매달려서 내려오지 못하고 있는 상황이 즐거울 리 없기 때문입니다.

요즘 아이들은 '학습'이라는 것을 이른 시기부터 시작합니다. 그런데 이 아이들이 취학 전부터 대입에 이르기까지 학습하는 모습을 보면 시소를 타는 장면이 떠오릅니다. 양쪽의 무게 차가 많이 나서 아래로 내려간 한쪽이 꿈쩍도 하지 않는, 오가는 맛이 전혀 없는 시소 타기 말이죠. 아이들의 공부 이야기를 하면서 시소 타기가 왜 나오나 싶으실 텐데요.

먼저 '학습'에 대해서 이야기해 보겠습니다. 학습이라는 건 뭘까요? 학습의 사전적 의미는 '배워서 익힘'입니다. 이 의미를 좀 더 구체적으로 풀어 보자면 '새로운 것을 받아들이고 이해하여 사용해 보고 능숙해지는 것' 정도로 해석할 수 있겠습니다. 여기서 새로운 것을 보고 듣고 받아들여 이해하는 것을 '입력', 입력된 내용을 익히기 위해 말과 글로 표현해 보는 것을 '출력'이라고 할 수 있습니다. 입력은 선생님을 포함한 누군가의 설명을 듣거나 책 읽기를 통해 뭔가를 알게 되는 것을 말하고 출력은 말이나 글을 통해 입력된 지식을 다른 사람에게 설명해 주거나 그것에 대한 자기 생각을 표출해 보는 것, 찬반 의견을 내가며 토론하는 것, 또 그 앎을 바탕으로 새로운 것을 언어로 창출해 내는 행위 등을 의미합니다.

이처럼 학습은 적절한 입력이 이루어지고 이해된 입력을 바탕으로 출력되는 것을 일컫습니다. 입력과 출력의 균형이 맞아야 진정성 있는 학습이라고 할 수 있는 겁니다. 자, 그럼 제가 아이들이 학습하는 모습을 보고 왜 시소 타기를 떠올렸는지 짐작하셨습니까? 아이들은 '학습'이라는 시소를 타고 있습니다. 시소의 한쪽에는 입력이, 다른 한쪽에는 출력이 타고 있습니다. 어느 쪽이 더 무거울까요?

네, 그렇습니다. 예상하신 바와 같이 입력 쪽이 훨씬 더 무겁습니다. 요즘 아이들은 어마어마한 양의 지식을 머릿속에 입력하는 데 상당한 시간을 쏟아붓습니다. 입력하는 데 시간을 다 써 버리니 출력을 해 볼 여유가 없습니다. 그러니 학습의 시소를 제대로 탈 수가 없습니다. 출력도 아래로 내려와서 바닥을 통통 짚고 올라가 봐야 하는데 그럴 기회가 없습니다. 계속되는 입력이 아래에서 떡 버티고 앉아 있으니 출력은 꼼짝달싹도 못 합니다.

앞서 입력은 듣거나 보면서 얻는 것이라고 했는데요, 대체로 읽기를 통해 새로운 정보나 지식이 입력되면 그나마 다행입니다. 읽기는 생각하는 과정을 거치니까요. 그런데 아이들에게 주어지는 입력은 듣기를 통해서만 이루어질 때가 많습니다. 믿고 싶지 않지만 사실 듣기만 해서는 뭔가를 배울 수 없습니다. 듣기로만 이루어진 학습은 효과가 없다는 걸 입증한 연구가 있는데요, 이 연구에서는 강의를 듣기만 한 학생과 능동적인 출력이 동반된 학습 활동을 한 학생의 시험 성적을 메타 분석했습니다. 무려 225개의 연구를 메타 분석한 결과는 매우 명확했습니다. 능동적인 활동을 하고 난 후의 시험 점수가 월등히 높게 나타난 것입니다. 과목의 종류를 불문하고 말입니다. 즉, 수업을 듣기만 하면서 지식을 입력하는 행위는 학습 효과를 떨어뜨린다는 것을 명시적으로 보여주는 결과인 겁니다.

그럼에도 우리 아이들은 어린 시절부터 누군가의 설명을 들으면서 학습에 필요하다는 지식을 머릿속에 집어넣고 또 집어넣습니다. 그런데 정작 그걸 꺼내서 활용해 볼 시간은 없습니다. 배운 것을 이리저리 떠올려 보고 정리도 해 보고 그것에 대해 이야기도 해 보고 연상되는 아이디어도 이것저것 끄적여 봐야 하는데 그럴 시간이 없는 겁니다. 출력해 보지를 않으니 시간이 가면 갈수록 아이들은 표현하는 것을 어색해하고 자기 생각을 표현하는 데 움츠러들게 됩니다. 들어오는 입력을 차곡차곡 쌓았다가 잊어버리고 다시 쌓기를 반복합니다. 내가 이걸 왜 외우고 있는지는 모르겠지만 그래도 내가 열심히 하면 부모가 기뻐하니 그냥 합니다. 그런데 정말이지 재미는 없습니다. 올라갔다 내려갔다 하면서 시소 타기를 할 수가 없거든요.

○○○ 학습의 입력에만 매달리는 순간

"저희 아이는 이제 7살이 되었는데요, 지금까지 국어 학습지를 꾸준히 해 와서 혼자 책 읽기는 문제없이 되는 수준이고요, 수학은 두 자릿수 덧셈, 뺄셈까지 가능하고 구구단은 다 외울 수 있어요. 영어도 파닉스는 거의 다 뗀 상태이고 *** 3단계는 무리 없이 읽고 있어요. 이제 초등학교에 간다고 생각하니 마음이 불안해지네요. 초등학교 가기 전에 뭘 준비하면 좋을까요?"

아이들의 교육에 대한 정보를 주고받는 인터넷 카페에서 흔히 볼 수 있는 내용의 글입니다. 초등학교 가기 전에 뭘 더 준비하면 좋겠냐는 질문이 인상적입니다. 이미 이 아이는 초등학교 2학년 수준의 학습을 다 끝낸 상태이고 영어 역시 평균보다 더 높은 수준의 실력을 갖추고 있습니다. 그런데도 이 부모는 불안하다고 합니다. 아이에게 2~3년 정도 앞서가는 학습 내용을 다 입력시킨 상태인데도 말입니다.

요즘 아이들이 주입 받고 있는 입력에는 두 가지의 문제가 있습니다. 첫째, 아이들에게 제공되는 학습 입력이 아이들의 호기심에서 출발하지 않는다는 점, 둘째, 아이들의 발달 단계가 고려되지 않은 수준과 양의 입력이라는 점입니다.

취학 전 아이들에게 '학습'이라고 하는 것은 저마다 생긴 호기심에서 출발해야 합니다. 사실 아이들은 뭔가를 배우고 싶어 하는 욕망으로 가득 차 있습니다. 말을 막 시작한 아이들이 끊임없이 "왜?"라는 질문을 하는 이유가 바로 여기에 있습니다. 이렇게 "왜?"라고 물어보는 때, 호기심에서 시작되어 알고자 하는 의욕이 생기는 때가 가장 효과적인 학습의 순간입니다.

아이들의 뇌는 하루가 다르게 성장합니다. 만 5세가 될 때까지 1초에 상당한 양의 새로운 뉴런 연결이 발생하는데요, 아이가 매일 경험하는 하나하나의 크고 작은 사건들은 뉴런과 뉴런을 연결합니다. 뉴런과 뉴런의 연결을 시냅스라고 하는데 이때 얼마나 튼튼한 시냅스를 만드는지가 아이의 지능에 지대한 영향을 미칩니다. 시냅스는 경험의 빈도에 따라 강화되기도 하고 사라지기도 하는데요, 아이가 호기심을 느끼고 배우겠다는 의욕이 발동할 때 뇌는 가장 빠르고 활발히 움직이게 됩니다. 이때 새로운 시냅스가 생성되거나 강화되는 것이죠. 이것은 호기심이 바탕이 되어 내가 선택한 무언가를 배우게 될 때 학습 효과가 가장 높아진다는 것을 뜻합니다. 그렇기에 호기심이 제거된, 아이들의 자율성이 배제된 학습의 입력은 아이의 뇌 발달에 긍정적인 영향을 주지 못합니다. 아니, 오히려 해가 됩니다.

다양한 경험을 통해 생각하고 표현해 가며 시냅스를 발달시켜야 하는 시기에 영문도 모를 입력이 제공되어 수동적인 학습이 이루어지면 아이의 호기심은 점차 사라집니다. 그뿐만 아니라 스스로 생각하며 발견하는 힘도 잃게 됩니다. 때가 되면 금방 외우고 이해하게 될 구구단을 미취학 아이에게 '노래처럼'이라고 하더라도 굳이 알게 할 필요가 없다는 겁니다. 이런 학습적인 입력은 아무런 영양가가 없는 시간 낭비에 불과합니다. 취학 전 아이들에게는 그저 관찰하고 생각하고 그 생각을 말해 보는 것이 그 무엇보다도 의미 있는 시간입니다. 아이의 건강을 위해서는 영양을 따져가며 삼시세끼 꼬박꼬박 밥을 챙겨 먹이면서 아이의 뇌에는 영양가 하나 없는, 오히려 해가 되는 학습 입력을 계속 이어 가면 안 된다는 것이죠.

모든 연령의 아이들에게 다 적용되면 좋겠지만 적어도 취학 전 아이들에게만큼은 모든 학습의 시작은 반드시 호기심에서 출발해야 합니다. 호기심에서 시작된 발견과 앎은 아이들의 뇌의 기초 공사를 튼튼하게 해주고 이것의 표현을 통해 언어능력과 학습 능력도 발달 시키기 때문입니다.

학습 입력의 두 번째 문제점으로 '아이들의 발달 단계가 고려되지 않은 수준과 양의 입력'이라고 말씀드렸는데요, 요즘 아이들은 많고 적음의 차이는 있으나 대부분 선행 학습을 하고 있습니다. 취학 전에는 한글과 기본적인 연산, 구구단, 영어의 파닉스와 같은 것을 미리 학습하고 취학 후가 되면 1~2년 이후에 해당하는 학습 내용을 미리 배우기 시작합니다. 심지어 초등 고학년이 되면 중학교 과정의 수학 문제를 풀고 있는 경우도 심심치 않게 봅니다.

영재나 천재가 아니고서야 아이들이 이해하거나 해결할 수 있는 학습의 수준은 연령에 따라 어느 정도 정해져 있습니다. 교육 과정도 아이들의 이런 발달 단계를 다 고려하고 개발된 것이죠. 그런데 미취학 또는 저학년 시기에는 학습의 내용이 그리 어렵지 않아서, 또 이때는 아이들이 뭐든 스펀지처럼 쏙쏙 흡수할 수 있으니 1~2년 앞선 학습 정도는 시키면 시키는 대로 거뜬히 해냅니다. 그러다 보니 부모는 욕심이 납니다. 학원에 가라고 하면 가고 하라고 하면 하니까 아이가 '원해서' 한다고 착각하기까지 합니다. 어쨌든 저학년 때까지는 모든 것이 문제없이 흘러가는 것처럼 보입니다. 그러나 학년이 올라

갈수록 이야기는 달라집니다. 해당 학년의 학습 내용도 어려워지는데 거기에다 자신의 발달 단계를 훨씬 웃도는 수준의 학습 내용까지 이해하고 받아들여야 하니 힘들 수밖에요. 전보다 훨씬 더 수고스러워집니다. 해당 시기에 가까워져 배우면 금방 이해하고 끝낼 수 있는 내용을 반복을 거듭해서 겨우 이해하고 꾸역꾸역 문제집을 풉니다. 그런데 여기서 문제는 아까운 시간을 버리고 있다는 것보다 아이들이 이 공부를 왜 해야 하는지 모른다는 데 있습니다.

자신의 의지와는 무관한 학습의 입력이 지속될수록 아이들은 무기력해집니다. 뭘 생각해 볼 틈도 없이 이 단계가 끝나면 다음 단계의 입력이 기다렸다는 듯이 밀치고 들어오니까요. 내가 스스로 뭔가를 생각할 필요도 없고 그럴 여력도 없습니다. 그저 외우고 기억했다가 문제를 풀면 되는 겁니다. 그마저도 시간이 지나면 잊어버려서 또다시 배워야 할 것들이지만요.

◦◦◦ 학습에 있어서 출력이 반드시 필요한 이유

다시 말해 입력만 반복되는 것은 학습이 아닙니다. 동기도 호기심도 제거된 입력은 더더욱 그렇습니다. 수업을 들을 때는 다 이해한 것처럼 느껴지는데 그걸 막상 다른 사람에게 설명해 보라고 하면 말문이 막히고 문장 한 줄로도 쓰기 어려웠던 경험은 다들 있으실 겁니다. 입력된 것을 언어로 출력할 수 없다면 이는 아는 것이 아닙니다.

아는 것처럼 느껴질 뿐이죠.

다음 단계로 끝없이 이어지는 무자비한 학습의 입력은 아이들의 생각을 멈추게 합니다. 그런데 말이죠, 생각해 가며 출력해 볼 기회가 없으면 언어능력 또한 거기서 멈추게 됩니다. 이해한 입력을 말이나 글로 표현해 봐야 언어능력도 입력 수준에 걸맞게 점차 향상되는 것입니다. 언어 출력의 기회가 제공되지 않으면 언어능력은 향상되지 않으며, 멈춰진 아이의 언어능력으로는 어려워져가는 학습 입력을 제대로 소화할 수 없게 됩니다. 그러다 보니 역으로 학습 능력이 떨어지게 되는 웃지 못할 상황이 발생합니다. 학습 능력을 높이고 싶어서 입력을 쉴 새 없이 퍼부었는데 되려 학습 능력이 떨어지는 기현상이 나타나게 되는 것이죠. 입력과 출력의 사이좋은 시소 타기는 재미는 둘째치고 학습의 필수 요건인 겁니다.

이처럼 언어는 학습과 밀접한 관계를 맺고 서로 주거니 받거니 하며 성장하는 관계입니다. 출력을 위해서는 입력된 정보나 지식을 정리하고 확장 시키는 사고 과정을 거쳐야 하는데요, 입력이 이 과정을 거친 후 말이나 글로 출력될 때 그제야 온전히 아이의 앎이 됩니다. 이때 언어능력도 한 단계씩 더 발전해 나가는데 향상된 언어능력은 이후 점점 더 심화 되어 가는 학습을 뒷받침해 주는 강력한 힘이 됩니다. 학습의 선순환은 이렇게 일어나게 되는 것이죠.

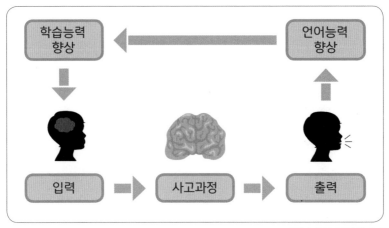

입력과 출력의 선순환 관계

공부를 제대로 하려면 자신의 발달 단계에 적합한 학습 입력을 받아들여 생각해 보고 그 생각을 출력해 봐야 합니다. 입력된 지식을 곱씹어 보기도 하고 그러다 궁금한 게 생기면 질문도 해 보고요, 또 연관되어 생각난 이런저런 것들을 둘러보기도 하면서 자기만의 생각을 이야기해 보고 끄적거려 보는 과정이 반드시 필요합니다.

갈 길이 구 만리인데 생각을 말하고 끄적일 시간이 어디 있느냐고요? 시절 좋은 이야기를 하고 있다고 생각하실 수도 있겠습니다. 그런데 생각을 언어로 표현하는 이 시간은 다음에 이어질 학습을 훨씬 더 수월하게 해줍니다. 머릿속에 희미하게 엉겨있던 이해의 지도를 명확하게 정리해서 다시 그려 준다고나 할까요? 이해를 더 굳건히 만드는 과정이라고 할까요?

받아들인 입력을 이해하고 그 과정에서 말이나 글로 표현해 보고 또 수정해 나가는 과정은 학습을 위한 훈련의 일환입니다. 지금 당장은 출력의 과정이 쓸데없는 말장난처럼 보일 수도 있습니다. 그러나 입력과 출력으로 이루어진 학습 훈련을 반복한 아이들은 능수능란하게 공부를 스스로 주도해 나갈 수 있게 됩니다. 아이들의 이런 능력은 더 나아가 생각해서 문제를 해결해 가는 힘의 근원이 됩니다.

아이들에게 학습 입력을 가하는 이유는 다가올 미래에 공부를 잘하게 하기 위해서, 어려워질 학습에 대비하기 위해서인데요, 글쎄요, 저는 사실 잘 모르겠습니다. 발달 단계에 맞는 공부를 하고 그 내용을 바탕으로 충분히 사유하고 표현해 봐야 하는 시간을 빼앗아 가며 선행 학습을 시키는 까닭 말입니다. 아이들에게 시키는 선행 학습과 입력하는 지식은 인터넷에서 몇 분만 검색해도 다 나오는 것들이죠. 찾아보면 다 나오는 것을 우리는 왜 그렇게 몇 걸음이나 앞서서 버겁게 가르치고 있을까요?

세상은 너무나도 빠르게 변화해 가고 있습니다. 예측할 수 없었던 일들이 불쑥불쑥 튀어나옵니다. 코로나 바이러스만 해도 그렇습니다. 바이러스가 온 세계를 강타하고 우리의 삶 자체를 바꿀 줄 누가 예상이나 했을까요? 미래 사회를 상상하며 만든 영화에서나 나올 법한 이야기가 현실이 되어 우리의 눈앞에 펼쳐졌습니다. 이런 변화의 시대에 누군가는 달라질 세상을 감지하고 재빠르게 새로운 기회를 잡는가 하면 누군가는 변화 앞에서 꼼짝없이 멈춰서 버립니다. 시킨 것 외에는 아무것도 스스로 해 본 적이 없으니 새로운 시대에 대한 대처 능력이 현저히 떨어지는 것입니다.

변화의 시대에 대응하려면 유연한 사고를 할 수 있어야 합니다. 이를 위해서는 이것저것 보고 관찰하면서 생각을 키워 나가야 합니다. 이제는 아이가 자신의 단계에 맞는 지식을 배우고 그 지식을 이리저리 돌려 보고 생각해 보면서 새로운 것을 창조해 내야 하는 시대인 것입니다. 생각을 키워 나가고 새로운 것을 만들어 내는 것의 시작은 언어를 통한 출력입니다. 이것이 바로 미래를 살아갈 아이들에게 언어를 통한 출력이 필요한 가장 큰 이유입니다.

2장
표현하며 즐기기

앞서 학습에 있어서 입력과 출력의 밸런스는 굉장히 중요하다는 말씀을 드렸습니다. 취학 전 아이에게라면 각자의 호기심과 관심에서 비롯된 입력이 제공되어야 하며 이러한 입력을 표현할 수 있는 출력의 기회가 주어져야 합니다.

표현한다는 것은 생각을 말이나 글로 드러내는 것인데요, 말을 하거나 글을 쓰는 것이 부담스럽다고 생각하는 사람들이 많습니다. 그러나 사실 이러한 표현에는 즐거움이 따릅니다. 대부분의 사람들은 언어를 통해 서로의 마음을 주고받으면서 충만함을 느끼게 됩니다. 인간이 감정을 주고받으며 소통을 하는 이유는 바로 이 때문이죠. 표현의 일차적인 기쁨은 이와 같은 감정의 교류인 것입니다.

이러한 표현의 기쁨은 감정의 교류를 넘어서 지식이나 생각을 주고받는 것에서도 얻을 수가 있습니다. 상대방이 모르는 것을 알려주는 즐거움, 내가 상대방을 납득 시킬 때 얻는 만족감, 의견을 주고받으며 서로의 생각을 이해해 가는 과정, 표현을 통해 새로운 것을 만들어 내는 기쁨 등이 이에 해당됩니다. 이는 <아는 것에 대해 설명하기>, <찬반 의견을 내어 가며 토론해 보기>, <새롭게 만들어 보기>와 같은 학습의 출력 과정에서도 느낄 수가 있습니다.

○○○ 아는 것 설명하기

아이들은 새로운 것을 배우는 것을 좋아합니다. 그런데 배우는 것 못지않게 즐겨 하는 것이 있습니다. 바로 자기가 아는 것을 상대방에게 알려주는 것입니다. 자신의 지식을 뽐내고선 매우 뿌듯해하죠. 로봇이나 변신 자동차의 조립 방법을 설명해 주기도 하고 자기가 아는 놀이나 말, 읽은 책의 내용을 알려주기도 합니다. 이런 설명의 과정이 바로 학습에서 일어나는 출력 중의 하나입니다.

어느 날 이웃집에 사는 아이가 집에 놀러 왔습니다. 제 아이는 2살 어린 이웃집 동생이 책을 읽어 달라는 말에 신이 나서 온 정성을 다해 책을 읽어 주기 시작했습니다. 책에 나오는 한 구절 중에 이런 부분이 있었습니다.

"연기가 뿜어져 나오기 시작했습니다."

이웃집 동생은 뿜어져 나오는 게 뭔지 궁금했나 봅니다.

"언니, 뿜어져 나오는 게 뭐야?"
"아, 그거?"

아이는 잠시 목소리를 가다듬고서는 자리에서 일어나 손을 발끝에 댔다가 어깨 위로 쭉 뻗어가는 동작을 취해 가며 단어를 설명하기 시작합니다.

"뿜어져 나오는 건 말이야, 저기 저 아래에서부터 위로 쭉 뭐가 나오는 거야."
"아, 알았다."

이웃집 동생이 자신의 설명을 단번에 알아듣자 아이는 몹시 만족스러운 표정으로 책 읽기를 이어 나갔습니다.

아는 것을 설명해 보는 것은 별다른 게 아닙니다. 아이가 일상생활에서 자기가 좋아하는 것, 알게 된 것, 아는 것에 대해 언어로 표현하는 것을 말합니다. 아이들이 타인에게 알려줄 수 있는 것은 의외로 많습니다. 자동차 조립을 기가 막히게 잘하는 아이는 그 조립 과정을 상세히 설명할 수 있을 거고요, 블록으로 집 만들기를 좋아하는 아이는 어떤 과정을 거쳐 왜 이런 모양의 집을 만들었는지에 대해서 구체적으로 말할 수 있습니다.

제 아이는 카드 게임을 좋아합니다. 그래서 이런저런 카드 게임을 배우고 규칙을 익혀 게임을 하곤 했지요. 어느 날은 아이가 자기가 직접 게임을 만들었다면서 저에게 만든 게임을 가져와 보여줬습니다. 상자 안에는 아이가 접은 하트모양의 종이가 들어 있었는데 각각의 하트 종이에 만족, 희망, 안정, 불안, 분노 등과 같은 감정 단어 16개가 쓰여 있었습니다.

엄마:　와, 게임 만들었네? 게임 이름이 뭐야?

아이:　기분 하트 게임이야.

엄마:　기분 하트 게임? 어떤 게임인데?

아이:　가위 바위 보를 해서 좋은 카드가 많은 사람이 이기는 게임이야.

엄마:　그래? 나, 이거 하고 싶은데... 게임 방법을 더 자세히 알아야 할 수 있을 것 같아.

아이:　자, 상자에 내가 접은 하트가 있지? 그 하트에 내가 쓴 기분 단어가 보여?

엄마:　응, 보여.

아이:　하트마다 감정이 다 쓰여 있거든. 일단 눈을 감고 하트를 골라 봐.

엄마:　응, 골랐어.

아이:　자, 골랐지? 나도 하나 고를 거야. 우리 각자 골랐지? 그 다음에 가위바위보를 해.

엄마: 가위, 바위, 보!

아이: 엄마가 이겼잖아? 그럼 엄마가 내 하트 종이까지 다 가져가는 거야.

엄마: 응, 그 다음에는?

아이: 상자 안에 하트가 다 없어질 때까지 가위바위보를 하고 이기는 사람이 카드를 가져가.

엄마: 그게 끝이야?

아이: 아니, 하트 카드가 다 없어지잖아? 그럼 자기가 가지고 있는 하트 카드에 쓰인 감정 단어를 보고 좋은 감정이랑 나쁜 감정을 나눠서 세어 보는 거야. 좋은 감정 단어를 많이 가진 사람이 마지막으로 이기는 사람이야.

엄마: 오, 아이디어 좋은데? 엄마 이제 이해 다 했어. 이거 우리 같이 해 보자.

아이가 '기분 하트 게임'이라는 게임을 만들어 왔을 때 제가 먼저 어떤 게임인지 물어봤는데요, 그때 아이는 "가위 바위 보를 해서 좋은 카드가 많은 사람이 이기는 게임이야"라고 대답했습니다. 알 수 있을 듯 없을 듯 두루뭉술한 게임 설명이었지요. 아이가 만든 게임을 보고 대충 어떤 게임인지 짐작할 수는 있었지만 아이에게 게임 방법을 좀 더 구체적으로 설명할 수 있는 기회를 주고 싶었습니다. 그래서 저는 아이에게 게임 방법을 조금 더 자세히 말해 달라고 했습니다. 더 상세한 설명을 유도할 때는 아이가 앞서 자기가 했던 설명에 문제가 있었다고 느끼지 않게 해 주는 것이 좋습니다. 그래서 저는 "나, 이거 하고 싶은데... 게임 방법을 더 자세히 알아야 할 수 있을 것 같아"라고 말했습니다. 마치 '엄마가 하고 싶어서 그러는데 엄마를 도와줘'라는 느낌이 들게요. 그래야 아이들은 신이 나서 상세한 설명을 이어 나갑니다.

처음부터 구체적으로 설명할 수 있는 아이는 별로 없습니다. 상대방이 가까스로 알아들을 수 있을 정도로 대충 말하는 경우가 허다하죠. 아이가 이렇게 말해도 부모는 넘겨짚어 이해할 수 있을 때가 많은데요, 그렇다고 하더라도 그냥 넘어가지 말고 충분히 설명해 달라고 하세요. '정말 궁금해서 더 알고 싶다'라는 뉘앙스를 담아서요. 그럼 아이는 처음보다는 더 자세히 말하려고 애씁니다.

아이는 그동안 배웠던 다른 카드 게임의 방식과 규칙을 바탕으로 새로운 게임을 만들었습니다. 아이의 관심에서 출발한 '카드 게임의 방식과 규칙'이라는 입력을 바탕으로 아이는 감정 단어를 끄적여 가며 기분 하트 게임이라는 새로운 게임을 만들었습니다. 그리고 자신이 만든 게임의 방법을 말로 설명하는 출력의 시간을 가진 것이지요. 이렇게 자신이 만든 게임을 설명해 봄으로써 아이는 순서에 맞춰 차례대로 아는 것을 설명하는 연습을 해 봤고 또 자신의 설명을 엄마가 잘 알아듣고 재미있어하는 모습을 보며 표현하는 기쁨을 느꼈을 것입니다.

○○○ 반대 의견 말하기

어느 날 아이가 <빨간 암탉>이라는 책을 읽었습니다. 암탉이 밀알을 심고 밀알을 키우고 밀을 수확하는 과정에서 고양이, 오리, 거위 친구들에게 도와 달라고 하는데 그때마다 친구들은 매번 갖가지 이유를 대며 거절합니다. 암탉은 친구들의 도움 없이 혼자서 밀을 수확하고 빵을 만드는데요, 빵을 다 만들고 나서 친구들에게 같이 먹는 것을 도와줄 수 있냐고 물어봅니다. 그러자 이번에는 친구들이 흔쾌히 도와줄 수 있다고 합니다. 얌체 같은 친구들이죠. 그 말을 들은 암탉은 "됐어. 먹는 건 나 혼자 할 수 있어. 가서 놀아"라고 말하며 혼자 맛있게 먹는 장면으로 끝나는 이야기입니다. 암탉이 밀알을 심어 빵을 만들어 내는 동안 단 한 번도 도와준 적이 없었으면서 이득만 쏙 취하려는 고양이와 오리, 거위에 대한 이 이야기를 읽고서는 누구나 다 비슷한 생각을 할 것이라 예상했습니다만 의외의 부분에서 아이와 저는 논쟁을 벌이게 되었습니다.

엄마:	암탉을 도와주지도 않았으면서 빵을 먹겠다고 하다니 얌체 친구들이네.
아이:	엄마는 빨간 닭 편이야?
엄마:	응, 당연하지.
아이:	난 빨간 닭도 나빴다고 생각하는데.
엄마:	왜? 밀알을 심는 것부터 시작해서 하나도 도와주지도 않았으면서 빵만 달라고 하는 친구들이 나쁜 거 아니야?
아이:	아니야. 친구들도 뭔가를 하고 있었잖아. 친구들이 하고 싶어 하는 것도 존중해 줘야 되는 거 아니야? 엄마가 다른 사람 의견 존중해 주라며.
엄마:	아니, 그런데 그게 별로 중요한 일이 아니었잖아. '자고 싶다', '놀고 싶다', '먹고 싶다', 뭐 이런 거 아니었어? 다섯 번이나 부탁했는데 이런 거 하느라 계속 거절했잖아.
아이:	자고 싶거나 놀고 싶은 게 왜 꼭 중요한 일이 아니라고 생각해? 그런 일들이 고양이나 오리, 거위한테는 최고로 중요한 일일 수도 있지.

처음에는 '이걸 왜 이렇게 생각하지?'라는 생각이 들어서 고양이, 오리, 거위가 왜 나쁜지에 대해서 이해시켜 주려고 말을 꺼냈다가 눈을 동그랗게 뜨고서는 따지는 아이의 모습이 하도 웃겨서 제 말을 멈추고 잠시 생각해 봤습니다. 아이의 말을 곱씹어 보니 나름의 논리가 있더군요. 수긍이 가는 부분도 있었고요. 이왕 이렇게 논쟁이 난 거

토론을 해 보자고 제안했습니다. 아이가 얌체 친구들을 어떻게 변론할지 궁금했거든요.

> 엄마: 우리 이 문제에 대해서 아무래도 생각이 다른 것 같아. 토론을 해 보자.
>
> 아이: 토론이 뭔데?
>
> 엄마: 어떤 문제에 대해서 서로 다른 생각을 가진 사람들이 자기가 왜 그렇게 생각하는지 이야기하는 거야. 주장하는 거야, 자기 생각을.
>
> 아이: 오, 그래? 좋아. 엄마는 빨간 닭 편이지?
>
> 엄마: 응, 엄마는 빨간 닭의 입장이 이해돼. 넌 친구들의 편에서 이야기할 거지?
>
> 아이: 응, 그럴 거야.
>
> 엄마: 좋아, 그럼 일단 각자 의견을 종이에 써 보자. 그리고 아빠가 사회자를 하고 우리가 각자 주장을 해 보는 거야. 어때?
>
> 아이: 좋아, 좋아.

아이는 종이 한 장을 꺼내 들더니 사람들이 얌체라고 말하는 고양이, 오리, 거위의 입장을 왜 이해할 수 있는지에 대해 열심히 써 내려가기 시작했습니다. 아이가 주장하는 바는 다음과 같았습니다.

암탉이 친구들에게 부탁을 했다. 그런데 그때는 친구들이 막 뭘 하려고 할 때였다. 친구들은 그래서 암탉에게 할 수 없다고 했다. 다음번에도 암탉은 친구들에게 도와 달라고 했다. 그때도 역시 친구들은 뭔가를 하고 있었다. 그 일이 친구들에게 중요했으니까 친구들은 또 할 수 없다고 말했다. 친구들이 안 된다고 했는데도 다섯 번이나 부탁하는 암탉이 좀 예의가 없다고 생각한다. 그리고 암탉이 빵을 다 만들었을 때 친구들한테 '먹을 사람?'이라고 물어봤다. 그때 친구들이 다 손을 들었더니 '빵 안 줄 거야. 너희들은 가서 놀아.'라고 말했다. 빵을 주지도 않을 거면서 친구들한테 그렇게 말한 것은 나쁘다. 친구들이 꼭 나쁜 마음으로 안 도와준 건 아닌데 암탉은 마지막에 친구들을 일부러 골탕 먹였기 때문이다.

아이가 이렇게 주장의 근거를 준비하고 나서 아이와 저, 아이의 아빠는 토론을 하기 시작했습니다. 토론을 시작하기 전에 아이에게 토론에서 주의해야 할 점에 대해서 이야기를 나눠 보았습니다. 토론 할 때 가장 중요한 것은 상대편 사람의 이야기를 끝까지 잘 듣는 것, 나와 의견이 다르다고 화를 내지 않는 것, 나만 혼자 길게 말하지 않는 것 등을 알려주었지요. 그리고 그럴싸한 분위기를 만들고자 식탁의 자리도 좀 바꿔서 사회자와 토론자의 좌석 위치도 정해서 앉아 보았습니다. 사실 저는 왠지 우스운 상황이 펼쳐질 것 같아서 시작도 전에 민망한 마음이 들었는데, 웬걸요? 아이는 너무나도 진지하게 열

띤 토론을 하기 시작했습니다. 토론이라는 걸 본 적도, 해 본 적도 없는 아이가요. 아래는 그날 밤 지희 집에서 벌어진 토론입니다.

사회자(아빠): 지금부터 빨간 암탉의 행동에 대한 토론을 시작하도록 하겠습니다. 암탉의 행동이 이해되는 토론자 1(엄마)과 암탉의 행동에도 문제가 있었다는 입장의 토론자 2(딸)가 자리에 나오셨습니다. 누가 먼저 의견을 이야기해 주시겠습니까?

토론자 1(엄마): 암탉이 도와 달라고 계속 부탁했는데 아무도 도와주지 않았습니다. 그래놓고 마지막에 빵만 먹겠다는 것은 얌체 같은 행동입니다.

토론자 2(아이): 암탉이야말로 자기의 부탁만 중요하게 생각했습니다. 친구들이 어떤 상황에 있든지 상관없이 계속 자기를 도와 달라고 부탁했습니다.

토론자 1(엄마): 토론자 2님이 무슨 말씀을 하시는지 알겠습니다. 그런데 다섯 번이나 부탁하는 동안 특별히 중요해 보이지 않는 일을 하면서 거절했습니다. 친구라면 한 번쯤은 도와 달라는 부탁을 들어줄 수도 있는 거 아닌가요?

토론자 2(아이): 그렇지만 중요하지 않은 일이라는 건 엄마의 생각입니다. 그리고 엄마도 제가 만들기를 할 때 안 도와주지 않았습니까? 그러면서 암탉 편을 드는 건 말이 안 됩니다 (웃음).

토론자 1(엄마):　　만들기 이야기는 이 토론과 상관없는 이야기입니다 (웃음).

사회자(아빠):　　그렇습니다. 다시 암탉 이야기로 돌아가십시오. 더 주장할 것이 있으면 해 주십시오.

토론자 2(아이):　　그리고 마지막 장면에서 암탉은 빵을 나눠 줄 생각도 없었으면서 "빵 먹을 사람?"이라고 물어본 것은 나빴습니다. 어차피 안 줄 건데 친구들을 놀리겠다는 마음으로 보입니다.

토론자 1(엄마):　　이 부분은 토론자 2님의 의견에 동의합니다. 하지만 암탉이 도움이 필요할 때는 자기가 하고 싶은 일을 하느라 도와주지 않았다가 빵을 먹을 때만 셋 다 달려오는 모습은 좋아 보이지 않았습니다.

사회자(아빠):　　양쪽의 의견을 잘 들어보았습니다. 세 친구들이 각자 사정이 있긴 했지만 친구가 도와 달라고 할 때는 그래도 한 번쯤은 들어줄 수 있었을 거라는 생각이 듭니다. 하지만 마지막 장면에서 암탉의 행동도 매너 있어 보이지는 않았던 것 같습니다.

토론자 2(아이):　　네, 이야기를 해 보니까 제가 너무 친구들의 사정만 들어줬다는 생각이 듭니다.

별 기대 없이 시작했던 토론이었습니다. 사실 <빨간 암탉>을 읽고선 제게 따지듯 얌체 친구들이 잘못한 게 없다고 주장하던 아이의 의견이 제 상식으로는 이해가 안 되었기 때문에 아이의 주장이 그리 말이 될 거라고 생각하지 않았습니다. 엄마가 어떻게 자기와 나쁜 생각을 갖고 있을 수가 있는지, 자기의 생각을 어떻게 그렇게 이해를 못 하는지 씩씩대는 8살 아이와 무슨 토론이 될까 싶었던 거죠. 그런데 아이가 그렇게 흥분하는 것을 보니 책을 읽고 머릿속에 뭔가 아이만의 생각의 그림이 그려졌는데 이걸 이해 못 하는 엄마를 이해시키고 싶어 하는 것 같아 보였습니다. 그래서 '자기의 의견을 논리적으로 말하고 상대방을 이해시키는 출력의 기쁨을 한번 줘 보자' 싶었죠. 덤으로 서로 다른 의견을 주고받는 공식적인 느낌의 토론에서 말을 해 보는 경험도 주고 싶었고요.

토론이라는 게 나름의 논리를 갖추어야 하니 아이의 머릿속에 실타래처럼 엉킨 생각을 정리할 수 있게 먼저 주장을 쓰게 하고 토론에서 말할 준비를 시켰습니다. 아이는 토론을 처음 해 보는데도 부모가 격식체를 쓰며 토론의 형식을 갖춰 말하니 곧잘 따라서 자신의 의견을 거침 없이 말하더군요.

저는 일부러 토론에서 자주 쓰이는 표현을 보여주고 싶어서, 더 격식적인 느낌을 내고 싶어서 "토론자 2님이 무슨 말씀을 하시는지 알겠습니다", "이 부분은 토론자 2님의 의견에 동의합니다"와 같은 표현을 사용했습니다. 이런 표현은 엄마와 아빠도 진지하게 토론에 참여하고 있다는 느낌을 아이에게 전달하여 아이를 토론에 더 깊숙이 참여시켰습니다. 아이는 격식을 갖춰 생각을 말하고 그렇게 표현한 자신의 의견이 어른 대우를 받는 것에 대해, 또 부모와 동등한 입장에서 의견을 주고받는 것에 대해 굉장히 신이 났습니다.

번갯불에 콩 구워 먹듯 후다닥 하게 된 토론이었지만 예상을 넘어선, 굉장히 의미 있는 '출력'의 시간이었습니다. 아이는 자기 생각을 나름의 논리를 갖춰 주장하고 상대편의 이야기를 들은 후 그 이야기에 대한 반박을 이어 나갔습니다. 토론을 하는 이 시간 동안 아이는 얼마나 많은 것을 배울 수 있었을까요? 설명을 듣고 읽기만 하는 입력의 과정만 거쳤다면 아이는 이 많은 배움을 다 놓칠 수밖에 없었겠지요.

아이는 이 토론이 끝나자마자 또 다른 토론을 해 보자고 졸랐습니다. 아이가 책을 읽고 느낀 생각과 의견을 글로 정리하고 자유롭게 주장해 본 것, 상대방을 설득해 본 것, 상대방의 주장을 듣고 이해해 본 토론의 경험이 아이에게 출력의 기쁨을 직접적으로 느끼게 해 주었기 때문일 것입니다.

○○○ 새롭게 만들어 보기

아이가 6살이 되었을 때 처음으로 무지개를 보게 됐습니다. 동화책에서나 봐 왔던 무지개를 실제로 본 아이는 흥분을 감추지 못했습니다. 이렇게 예쁜 무지개가 왜 매일 나오지 않고 자기가 6살이 되어서야 나왔냐고 하더라고요. 다시 보고 싶으면 어떻게 해야 하냐고요.

아이: 엄마, 나 다음에도 무지개 볼 수 있어?

엄마: 그럼, 볼 수 있지.

아이: 무지개는 언제 나와?

엄마: 비가 지나가고 나면 볼 수 있어.

아이: 지금까지 비는 많이 왔는데 나는 왜 못 본 거야?

엄마: 아, 비가 온다고 다 볼 수 있는 건 아니야.

아이: 그럼 언제 볼 수 있는데?

엄마: 비가 지나가고 나면 공중에 아주아주 작은 물방울들이 둥둥 떠다니거든?

아이: 물방울들이 떠다녀?

엄마: 응, 비가 그친 지 얼마 안 지났을 땐 우리 눈에는 안 보이는 아주 작은 물방울들이 지나다니지. 그런데 비가 그치고 해님이 나오잖아? 그때 해님이 지나가면서 물방울에 색칠을 하고 지나가. 그게 무지개야.

아이: 해님이 빨주노초파남보 색이야? 노란색 아니야?

엄마: 응, 사실은 해님은 여러 색깔 요술을 부릴 수 있대.

아이: 우와, 신기하다.

아이는 엄마의 어설픈 무지개 원리에 대한 설명을 듣고 굉장히 감명을 받은 모양이었습니다. 작은 물방울과 물방울의 몸을 해님이 스쳐 지나간다는 것, 사실은 해님은 여러 색깔이 있다는 것이 꽤나 신선한 충격이었나 봅니다. 아이는 그 뒤로도 무지개와 관련된 이야기들을 종종 하거나 물어보곤 했습니다. 그러던 어느 날 아이는 저에게 무지개 동화를 짓고 싶다고 하더군요. 한글을 잘 모르던 때라 제가 대신 써 주겠다고 하며 아이의 말을 받아썼습니다. 아이는 마치 오랫동안 생각했다는 듯 이야기를 이어 나갔습니다.

아빠랑 엄마랑 나들이 산책을 하고 있었어요. 그러자 어디선가 무지개가 활짝 피기 시작했는데 물방울에 색칠을 하는 게 힘들었는데 안 힘들다고 거짓말을 했어요. 무지개는 그만 거짓말을 해서 부끄러워 "안녕, 난 어디에 좀 갈게."하고 가 버렸어요.

우리들은 공원에 다 왔어요. 그러나 분수가 활짝 피고 돌고래가 물을 뿜어내고 산에는 눈이, 해님은 반짝, 구름이 둥실, 그리고 마지막으로 사과 열매가 대롱대롱, 풀잎이 싸글싸글 바람이 시원했죠. 우리는 그늘로 가서 바나나 점심을 먹기 시작했어요.

자, 이제 집으로 돌아갈 때가 되었어.

그 무지개는 아직도 부끄러워 우리가 가는 걸 보고 숨었어요.

무지개가 생기는 원리에 대한 아이의 호기심으로 출발한 입력은 이렇게 무지개와 관련한 동화 창작으로 이어졌습니다. 무지개로 시작하여 하나의 완전한 새로운 창작이 이루어진 것이지요. 하나의 호기심을 충분히 이야기해 보고 하나의 출력이 이루어지는 것, 아이는 무지개의 원리에 대한 입력도 얻었지만 그 이상의 의미를 가진 출력을 해 본 것입니다.

3장
아이의 말에 맞고 틀린 것은 없다

○○○ 무슨 말이든 괜찮아

　외국인들이 한국어를 배우는 언어 교실을 한번 들여다 보겠습니다. 제2언어를 습득하는 과정에서도 입력과 출력은 학습에 필수적인 요소입니다. 이해 가능한 입력만 주어지는 환경에서는 학생들이 외국어를 제대로 배웠다고 할 수 없습니다. 주어진 입력을 바탕으로 말하기와 쓰기와 같은 출력이 나와야 학습이 이루어진다고 말하죠.

　학습에 있어서 출력이 가지는 영향력을 생각할 때 언어 교실에서는 학생들의 출력을 최대치로 끌어올리기 위한 노력이 매우 중요합니다. 그런데 출력은 타인의 발화를 듣거나 쓰여진 글을 읽는 입력과는 달리 자신이 스스로 뭔가를 만들어 내야 한다는 점에서 학생들이 느끼는 부담이 큽니다. 그리하여 교사는 학생들의 불필요한 부담감을 없애기 위해서 어떤 말도 괜찮으며, 무슨 말이든 들어줄 준비가 되어 있으며, 틀려도 괜찮다는 태도를 유지합니다. 한 번이라도 자기가 만들어 직접 꺼내 써 보는 게 무엇보다도 우선시 되어야 하기 때문이죠.

매일 쓰는 모국어로 표현한다고 하더라도 새로 입력된 정보나 지식을 가지고 자신만의 출력을 끌어내는 작업은 만만치 않은 일입니다. 이 장에서 계속 언급되고 있는 출력은 "배가 고프다", "머리가 아프다", "기분이 좋다"와 같이 감정과 동시다발적으로 이루어지는, 일상에서 흔히 오가는 언어적 산출과는 차원이 다른 과정이기 때문입니다.

성인도 언어로 출력을 해야 하는 상황이 올 때 긴장합니다. 자신의 실력이 오롯이 드러나기 때문에, 혹은 자신의 생각이 틀렸을지도 모른다는 생각에 그 순간만큼은 긴장합니다. 그렇기에 외국어 교실에서는 최대한 긴장감을 낮추고 틀려도 무안함을 느끼지 않게 넘어갈 수 있는 분위기를 만듭니다. 어른에게도 이런 배려를 하는데 하물며 아이들에게는 두말할 것 없이 세심한 분위기를 조성해 주어야 합니다. 아이가 자신의 입력을 바탕으로 출력을 할 때 잘하고 못하고를 따져서는 안 됩니다. 무슨 말이든 괜찮고 좋다는 따뜻하고도 수용적인 태도가 깔려 있어야 합니다. 아이들의 출력은 내용이 어떻든 간에 부모에게 환영을 받아야 하는 것입니다.

◦◦◦ 빵점짜리 언어 교사

어느 날 마트의 가전제품 코너를 구경하던 중에 어떤 엄마와 아이의 대화를 우연히 듣게 되었습니다.

> 아이:　엄마, 저 청소기 엄청 크다. 블랙홀인가?
> 엄마:　…

대형 청소기가 전시되어 있는 것을 보고 블랙홀을 떠올린 아이의 생각이 참신해서 '무슨 말을 하려고 하나?'하고 저도 모르게 귀를 쫑긋 세우고 엿듣기 시작했습니다. 아이가 "블랙홀인가?"라고 은근슬쩍 말을 던집니다. '나 이거 알아요'라고 하면서 자기가 알고 있는 걸 뽐내고 싶은 거지요. 그런데 엄마는 묵묵부답입니다. 아마 짧은 시간에 이것저것 사야 할 것이 많으니 아이 말에 귀를 기울이기 힘든 상황이었을지도 모르겠습니다. 엄마가 아무 반응이 없었지만 아이는 그래도 포기하지 않고 다시 대화를 시도합니다.

> 아이:　엄마, 블랙홀 알아?
> 엄마:　응.

아이: 블랙홀은 큰 별이 죽어서 생기는 거래. 태양보다 더 큰 별이 죽어야 생긴대.

엄마: …

아이: 그리고 블랙홀은 엄청 힘이 세서 죄다 다 빨아들인대. 청소기처럼. 엄마 그거 알았어?

엄마: 응.

아이: 그래도 우주를 빨아들이지는 못 할 거래.

엄마: 당연하지. 난 또 뭐라고.

아이: …

엄마: 이게 끝이야?

아이: 응.

저는 이 대화를 들으면서 조마조마했습니다. 엄마가 언제 반응을 해 주나 싶어서 말입니다. '아이가 실망해서 말을 멈추면 어떡하나', '저 타이밍에 반응해 줘야 하는데' 하는 마음이 들어서였습니다. 사실 저는 저 대화를 수업의 한 장면으로 보고 있었나 봅니다. 엄마가 교사고 아이가 학생이라면 아이의 출력을 확장해 주고 권장해 주는 측면에서 엄마는 두 번 생각할 필요 없이 빵점짜리 교사입니다.

아이 말에 구구절절 맞장구를 치지 않아도 됩니다. 블랙홀에 대한 아이의 설명이 내용적인 측면에서 얼마나 맞는지, 틀리는지 판단할 필요도 없습니다. 그저 아이가 알고 있는 걸 이렇게 말로 풀어서 설명하려고 시도했다는 사실만으로도 두 팔 벌려 환영해 줘야 합니다.

아이가 "블랙홀은 큰 별이 죽어서 생기는 거래. 태양보다 더 큰 별이 죽어야 생긴대"라고 설명했을 때 엄마는 "그래? 큰 별이 죽어서 생기는 거야?"라고 아이 말을 똑같이 반복이라도 해 줘야 했습니다. 혹시 그 당시에 마음에 여유가 조금이라도 더 있었다면 "와, 태양보다 더 큰 별이라고? 태양보다 더 큰 별은 얼마나 클까? 얼마나 더 큰 별이 죽어야 된대?" 뭐 이런 질문을 하면 더 좋았겠지요. 엄마가 이렇게 반응해 주면 아이는 자신감을 얻습니다. '내 말이 틀리진 않았군', '내 설명이 재미있나 보군' 하면서 말입니다. 이러한 자신감은 다음의 출력을 할 수 있게 하는 원동력이 됩니다.

위 대화의 아이는 다행히 엄마의 무반응에도 씩씩하게 다음의 말을 이어 갑니다. "블랙홀은 엄청 힘이 세서 죄다 다 빨아들인대. 청소기처럼"라고요. 그리고 반응이 없는 엄마를 대화로 끌어들이기 위해 "엄마 그거 알았어?"라고 말합니다. 자, 그럼, 여기서 뭐라고 반응을 하면 될까요? "청소기처럼?"이라고만 해도 좋습니다. 혹은 더 덧붙이자면 "청소기처럼? 얼마나 센 청소기일까? 우리도 빨아들일 수 있을까? 우리집 청소기도 블랙홀을 좀 닮았으면 좋겠네" 뭐 이런 말도 안 되는 이야기도 좋습니다. 그런데 위 대화의 엄마는 아이가 엄마에게 대답을 요구하는 데도 무관심으로 일관합니다. 그러다 이 엄마는 마지막으로 "난 또 뭐라고. 이게 끝이야?"라고 말하며 무심함의 화룡점정을 찍고 대화를 끝내 버립니다.

아이가 신이 나서 자기가 알고 있는 걸 엄마에게 쭉 설명하고 싶었는데 엄마는 아이의 흥을 와장창 다 깨 버렸습니다. 흥만 깬 게 아니라 아이에게 수치심마저 줬죠. 내가 대단하다고 생각하고 말한 것에 대해 "난 또 뭐라고"라고 말하는 엄마의 반응을 보고 '내 생각이, 내 말이 보잘것없는 것이구나'라는 생각을 했을 겁니다. 이런 경험이 한 번 두 번 쌓이다 보면 이 아이는 자기가 아는 것에 대해서 설명하려고 들지 않을 겁니다.

○ ○ ○ 아이의 말에 맞고 틀린 것은 없다

반복되는 일상과 익숙함의 폐단이라고나 할까요? 우리는 아이들에게 친절하지 않습니다. 남에게는 그러지 않으면서 아이들의 말에 무관심으로 일관하거나 무안함, 수치심을 줄 때가 많습니다. 아이의 말을 듣고 '틀렸어. 이렇게 해야지'라고 반응할 때도 많고요, 아이들의 경험치에서 비롯된 세상을 보는 시각이나 의견을 별것 아니라며 묵살하기도 합니다.

집은, 부모는 아이가 알게 된 세상에 대한 생각을 자기 마음대로 얼마든지 표현할 수 있는 편안한 공간과 대상이어야 합니다. 자신의 말에 확신을 가지고 뭐든 자신 있게 표현할 수 있는 아이로 자랄 수 있는지 없는지는 부모가 아이의 말을 어떻게 들어주고 어떤 반응을 보이느냐에 달려 있습니다. 얼토당토않은 의견이라도 열심히 들어주고 반응해 주세요. 아이의 말에 맞고 틀리고의 잣대를 대지 마세요. 아는 것을, 생각한 것을 자유롭게 출력할 수 있는 환경에서 아이를 자라게 해주어야 내재되어 있는 아이의 언어능력이 힘을 발휘할 수 있습니다.

한 연구에서는 부모가 사용하는 언어 양상이 아이의 언어 발달에 미치는 영향에 대해 조사했습니다. 편안한 일상 대화가 풍부하게 이루어지는 가정과 아이 말에서 틀린 부분을 수시로 고쳐 주는 가정을 대상으로 연구가 진행되었습니다. 전자는 부모가 아이에게 수시로 말을 걸며 일상 대화를 편안하게 한 가정이고 후자는 아이가 발음을 잘못했을 때, 아이의 발화에서 문법이 틀렸을 때, 단어를 잘못 사용했을 때마다 지속적인 수정을 해 준 가정입니다.

연구 결과는 편안한 일상의 대화를 한 부모의 언어 방식이 아이의 언어발달에 훨씬 더 도움을 준 것으로 나타났습니다. 아이의 말에서 나타나는 오류를 고쳐 주는 것은 아이 언어 발달에 긍정적인 영향을 미치지 못했던 것입니다. 즉, 아이에게 편안한 발화 환경을 제공해 주는 것, 아이의 말에 맞고 틀리고의 잣대를 대지 않는 가정의 아이들이 순탄하고도 발전적인 언어 성장을 이룰 수 있었던 것이죠.

이 연구는 유아기 아동을 대상으로 한 연구입니다. 그러나 이 연구가 시사하는 바는 유아기 아동의 언어 발달에만 국한되는 것은 아니라고 생각됩니다. 모국어에 대한 기초가 다져지고 난 후에도 아이의 언어 발달은 계속됩니다. 아이가 하는 말의 수준이 높아지면 그에 맞는 언어 발달이 이루어져야 하는데 이때 아이의 언어를 부모가 어떻게 이끌어 주느냐에 따라 성장의 크기가 달라집니다. 부모는 아이의 출력에 대한 판단을 내려놓고 아이의 출력이 확장되고 활성화될 수 있도록 아이의 말을 끌어 주고 받아 주고 격려해 줘야 하는 것입니다.

4장
표현할 때가 배움의 결정적 순간

○○○ 아이의 출력을 유도하는 것은 부모의 몫

　외국인 학생들과 수업을 하다 보면 한 시간 내내 입을 꾹 닫고 한 마디도 하지 않는 학생들을 종종 만납니다. 학생들이 말을 하지 않는 것에는 여러 이유가 있습니다. 수줍음을 많이 타서, 한국어 실력이 부족해서, 혹은 주제에 대해서 그야말로 할 말이 없다는 것이 그 이유입니다. 각양각색의 다양한 이유로 말을 하지 않지만 이유를 불문하고 교사들은 수업 때 학생들에게 끝없이 출력을 유도합니다. 한 끗 차이라고 하더라도 질문의 방식을 바꿔 보기도 하고 학생이 관심 있을 만한 주제로 화제를 전환해 보기도 합니다. 혹은 재미있어할 만한 사진이나 텍스트를 가지고 와서 이야깃거리를 만들기도 합니다. 한 마디라도 꺼내서 말해 볼 수 있게 하려고 말입니다.

쓰기도 마찬가지입니다. 문장을 못 만들어서, 쓸 거리가 없어서 연필만 만지작거리는 학생들이 종종 있습니다. 학생이 오류가 많은 문장을 썼더라도 교사는 일단 최소한의 수정으로 말이 되는 문장을 만들어 주려고 애씁니다. 교사의 이런 노력은 학생으로 하여금 '선생님이 별로 고쳐주지 않았는데 말이 되네? 나도 내 생각을 스스로 글로 쓸 수 있었어'라는 만족감을 느끼게 하고 학생이 다음 출력으로 이어 갈 수 있게 자신감을 줍니다. 쓸 거리를 못 찾은 학생들에게는 단계를 나누어 생각할 거리를 만들어 낼 수 있게 도와주죠. 어떻게 해서든 한 문장이라도 출력을 끌어내게 하기 위해서요.

외국어를 배우는 학생에게는 이렇게나 섬세하고도 다양한 방법으로 출력을 유도합니다. 그런데 우리는 모국어로서 한국어를 배우고 있는 아이들에게 아이의 성장과 학습에 걸맞은 수준의 모국어 출력을 끌어내려는 노력을 들이지 않습니다. 글이나 말로 표현하는 언어능력은 시간만 지난다고 쑥쑥 늘지 않는데도 말입니다. 모국어와 외국어의 차이라고 할지라도 언어를 배우고 있는 입장은 같은데 우리는 왜 아이들에게 이런 노력의 절반도 기울이지 않을까요? 그저 살아가는 데 필요한 최소한의 의사소통을 한국어로 할 줄 알면 된다고 생각해서일까요?

출력의 경험이 적었던 아이들은 말이나 글로 자신의 생각을 표현하는 데 미숙합니다. 그건 어찌 보면 당연한 일입니다. 아는 것을, 내 생각을 정리해서 말이든 글로 표현하는 일은 말처럼 그리 쉬운 일이 아니니까요. 연습해 본 적도 없는데 잘하면 그게 되려 이상한 일이지요. 그럼에도 우리는 아이를 종종 나무랍니다. 아이에게 출력의 기회를 준 적도 없으면서 아이가 머뭇거리면 "얘는 표현을 못해"라거나 "똑바로 또박또박 말해 봐", "무슨 말인지 모르겠어"라고 무안을 줘 가면서요.

출력도 연습이고, 계속해 봐야 잘하게 됩니다. 출력은 아이가 관심을 가지는 것에 대해서 부모 역시 관심을 가지고 궁금하단 듯 물어보고 설명도 해주고 서로 묻고 대답하는 것에서부터 시작되어야 합니다. 말로 주거니 받거니 하는 것에서 더 나아가면 아이는 자기가 알게 된 것에 대해 글로 표현하게 됩니다. 그런데 이런 과정을 아이 혼자 스스로 깨쳐서 해 나갈 수는 없습니다. 아이가 말을 시작하면서부터 아이의 출력을 유도하는 것은 부모의 몫입니다. 아이가 언어를 통한 출력에 익숙해질 수 있도록 그 단계를 부모가 함께 밟아 나가야 합니다. 같이 해서 어렵지 않다는 것, 혼자도 할 수 있겠다는 자신감을 불러일으켜 줘야 하는 것입니다.

○○○ 표현하며 배워 간다

　아이가 여섯 살이 되었을 때였을까요? 아이는 그즈음부터 화산에 대해서 관심이 많았는데요, 그 당시에는 '화산은 뭔가 빵하고 터져서 만들어진 산' 정도의 지식에 기반하여 화산에 대해 막연한 두려움을 가진 것이 전부였습니다. 아이가 그 무렵 가장 많이 했던 질문은 산을 볼 때마다 "우리나라에도 화산이 있어?", "저 산도 화산이야?", "저 산은 빵 터지는 건 아니지?"였고 이런 질문을 통해서 '활동하지 않는 화산도 있다', '쉬고 있는 화산도 있다', '빵 터지는 화산은 우리나라에는 없다' 정도의 이야기를 나눴던 걸로 기억합니다.

　그러다 아이가 막 8살이 되었을 때 텔레비전에서 화산에 관한 다큐멘터리를 우연히 보게 되었습니다. 시뻘건 용암이 뿜어져 나오고 있는 장면을 보고 아이는 시각적으로 굉장한 자극을 받았던 것 같습니다. 그리하여 잠시 잊고 지냈던 화산에 대한 궁금증이 되살아나 화산에 대한 질문을 쏟아 내기 시작했습니다. 이번에는 6살 때보다는 조금 더 심도 있는 질문을 하게 됐습니다.

아이:　저 용암은 어디서 나오는 거야?

엄마:　땅속 깊은 곳에서 나와. 그런데 이름이 다르다? 땅속에 큰 돌이 녹아서 물처럼 된 걸 마그마라고 하는데 마그마가 밖으로 나온 걸 용암이라고 한대.

아이:　똑같은데 이름만 달라?

엄마:	응, 땅속에 있을 때는 마그마, 땅 밖으로 나오면 용암. 이렇게 부르는 이름이 바뀐대.
아이:	근데 용암은 뜨거워?
엄마:	무시무시하게 뜨겁지. 용암은 뭐든 녹여 버릴걸?
아이:	뭐든 녹여 버린다고? 근데 용암이 왜 생기는데?
엄마:	땅속에 큰 돌이 있는데 사실은 그 돌들이 조금씩 움직이고 있어. 돌들이 움직이다가 서로 부딪히게 되면 열이 나는데 그때 돌들이 녹는 거야. 그게 마그마야. 그 마그마가 힘을 받아서 밖으로 나오는 게 용암이야.
아이:	저 용암이 저렇게 나오면 나중에 어떻게 되는 거야?
엄마:	용암이 흘러나와서 시간이 지나면 굳게 돼. 그게 화산이 되는 거야.

아이와 이런 대화를 나누고 화산과 관련한 책을 한번 찾아서 읽고 싶어졌습니다. 마침 집에 화산에 대한 이야기책이 있어서 그 책을 꺼내 들고 아이와 읽었는데, 그 이야기책은 화산을 감정을 가진 존재로 재미있게 묘사해 놓았더군요. 화산이 발생하는 이유를 화산이 방귀나 똥이 마려워서라고 하면서요.

아이의 호기심에서 출발한 화산에 대한 궁금증을 제가 간단히 설명해 주었고요, 그리고 화산에 대한 이야기를 한번 찾아 읽어 봤습니다. 책을 다 읽고 나니 '화산에 대해 나눈 이야기로 아이와 활동을 한

번 해 봐야겠다'라는 생각이 들더군요. 화산에 대한 이런저런 지식을 알게 됐으니 그 지식도 써 볼 겸해서 말이죠. 그래서 아이에게 이야기를 만들어 보자고 제안했습니다.

엄마: 이 화산 이야기책 재미있다. 우리도 화산 이야기 만들어 볼까?

아이: 아, 좋아, 만들어 볼래.

엄마: 어떤 화산 이야기를 만들어 볼까?

아이: 음… 무슨 이야기로 만들지?

엄마: 먼저 '화산'을 떠올리면 뭐가 생각나는지 써 보는 것도 좋아.

아이: 응… 잠시만… 엄마, 우리 생각 냉장고를 만들까?

엄마: 응? 생각 냉장고가 뭐야?

아이: 방금 종이를 내가 양쪽으로 접었잖아? 그러니까 꼭 냉장고 문 같은 거야. 그 안에 내가 생각을 써 볼게.

엄마: 오! 좋아. 거기에 떠오르는 생각을 써봐.

아이: 응, 우리 요리할 때처럼 여기서 이야기책 만들 때 필요한 거 꺼내 쓰자. 남은 건 다음에 쓰고.

엄마: 정말 멋있는 생각이다.

아이와 제가 생각 냉장고에 썼던 내용은 아래의 4가지입니다.

1. 땅속에 있는 기체와 마그마는 뜨겁다.

2. 깊은 땅속의 돌들은 움직인다.

3. 돌들은 움직이다가 부딪히기도 한다.

4. 화산이 폭발하는 건, 화가 나서 그러는 것 같다.

1. 땅속 마그마는 뜨겁다.

2. 땅속 돌은 움직인다.

3. 돌들은 서로 부딪힌다.

<생각 냉장고>

생각 냉장고에 쓴 4가지 생각 중에서 아이는 2,3,4번을 꺼내서 이야기를 만들고 싶다고 했습니다. 제가 앞서 해주었던 화산에 대한 간단한 설명 중에서 아이는 돌이 움직여서 부딪힌다는 내용이 가장 인상적이었나 봅니다. 그리고 좀 전에 읽었던 책의 내용에서 착안해서 화산을 감정을 가진 존재로 표현하고 싶어 했습니다. 아이는 한참을 고민하더니 <코피 화산>이라는 황당한 제목의 이야기를 만들기 시작했습니다.

엄마: 등장인물이 누구야?
아이: 음, 나는 땅속의 돌들이 움직이는 게 너무 신기했으니까 돌들이 나올 거야.
엄마: 주인공이 돌이야?
아이: 그건 아직 결정 못 했어. 화가 난 화산도 나올 거라서.

등장인물에 대한 간단한 이야기를 하고선 아이는 이야기를 써 내려갔습니다. 아이가 만든 이야기는 다음과 같습니다.

어느 날 땅속에 무지무지 커다란 돌맹이 두 개가 싸우고 있었어요.

"이봐, 넌 쓸모없는 약한 돌맹이야."

"뭐라고? 내가 쓸모없는 돌맹이라고? 그럼 넌 이상한 허풍쟁이너"

그러다 둘은 너무 세게 부딪쳐서 그만 코피가 나고 말았어요.

그래서 잠을 자고 있던 화산이 잠을 깼어요.

"하암~ 누가 내 잠을 깨운 거지?"

그때 돌맹이들은 깜짝 놀랐지요. 너무 놀란 돌맹이들은 그만 코피를 던지고 말았아요. 그런데 그 코피가 너무 많이 흘러서 그만 코피 화산이 되고 말았어요.

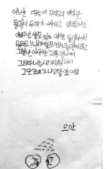

　아이는 화산에 대해 알게 된 새로운 사실들로 위와 같은 이야기를 만들어 냄으로써 입력에서 출력으로 이어지는 학습을 마무리했습니다. 지각의 움직임을 돌맹이 두 개의 싸움으로, 마그마를 코피로 표현했습니다. 아주 오랜 기간에 걸쳐 지각이 천천히 움직이고 있다는 것과 땅이 움직이면서 생긴 균열로 인해 마그마가 분출하여 화산이 생기는 것을 완전히 이해하게 된 것이죠.

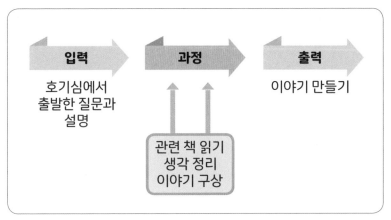

입력과 출력의 관계

아이들은 출력의 과정을 거쳐야 자신들의 머릿속에 들어온 입력을 비로소 완전한 자기의 것으로 만들 수 있습니다. 제 아이도 화산이 생겨나는 과정에 대한 제 설명을 긴가민가하면서 들었을 겁니다. 알 것 같기도 하고 잘 모르는 것 같기도 한 상태였을 겁니다. 그런데 제 설명을 듣는 것에서 멈추지 않고 관련된 책을 읽으며 한번 더 생각의 과정을 거쳤습니다. 그리고 출력을 하기 위한 준비를 하기 시작했지요. 제가 아이에게 화산과 관련된 이야기를 만들어 보자고 제안했지만 '만들어 봐'라고 제안만 하고 끝나 버리면 아이는 어디서부터 뭘 시작해야 할지 모를 겁니다. 고민만 하다가 어려우니 포기하게 되지요.

저는 아이에게 화산이라고 하면 떠오르는 것을 먼저 써 보라고 했습니다. 드문드문 기억나는 제 설명과 읽었던 화산 이야기에서 아이가 인상적이었던 것을 몇 개 썼죠. 쓰면서 또 재미있는 아이디어도 나왔습니다. 생각 냉장고 말입니다. 요리할 때 냉장고에서 재료를 꺼내 쓰는 것처럼 아이는 자기 생각을 보관하는 생각 냉장고라는 아이디어를 만들어 냅니다. 이 생각 냉장고는 이후에도 또 다른 출력을 위한 생각의 보관소로 유용하게 쓰이겠지요. 쓰기나 긴 말하기를 하기 전에 떠오르는 생각을 써 보는 단계는 매우 중요합니다. 다소 복잡하고 길게 느껴질 수 있는 출력을 한결 더 편하게 만들어 주기 때문입니다.

아이는 등장인물을 정하면서 이야기를 술술 풀어 나가기 시작했습니다. 그러나 아이의 <코피 화산>이라는 이야기는 저기까지였습니다. 화가 난 화산과 깜짝 놀란 돌맹이들의 이야기를 어떻게 마무리 지어야 할지 고민하다가 <코피 화산>의 이야기는 결국 결론을 맺지 못하고 끝나고 말았습니다. 비록 이야기를 매끄럽게 완결하지 못했다고 하더라도 아이는 이야기를 만들면서 적어도 화산의 발생 원리에 대해서는 완전히 이해하게 됐습니다. 더불어 입력을 <코피 화산>이라는 이야기로 산출해 내며 출력의 기쁨도 맛보았고요.

아이들에게 가능하면 많은 출력의 기회를 주시기 바랍니다. 출력의 유도는 부모가 해야 합니다. 제가 아이에게 "화산 이야기를 만들어 볼까?"라고 제안했던 것처럼 말입니다. 또한 출력의 기회를 줄 때 아이가 가볍게 접근할 수 있도록 길을 안내해 줘야 합니다. 화산 이 야기를 만들기 시작했을 때 아이는 무엇부터 시작해야 할지 막막해서 잠시 머뭇거렸습니다. 그때 "먼저 '화산'을 떠올리면 뭐가 생각나는지 써 보는 것도 좋아"라고 말하면서 이야기에 쓸 거리를 먼저 생각해 보게 했죠. 그리고 생각 냉장고에 이야기에 쓸 아이디어를 함께 써 보았습니다. 여기까지 부모가 함께 해 주면 아이는 그 다음부터 이것저것 시도를 하면서 만들어 가기 시작합니다.

이제 아이가 알게 된 것을 말이나 글로 출력을 해 내면 무조건적인 지지를 해 줄 차례입니다. '너의 글과 말이 너무 재미있어서 계속 보고 듣고 싶다', '궁금하다'라는 메시지를 아이에게 전달하세요. 무엇이든 마음 놓고 표현할 수 있는 환경에서 부모가 아이의 출력에 관심과 지지를 보내는 것이야말로 아이가 언어적인 발전을 할 수 있는 가장 큰 동력이 될 것입니다. 자신의 출력에 대한 부모의 관심과 지지를 받은 아이들은 앞으로도 지속적으로 출력을 해 나가며 언어능력을 계속 키워 나갈 것입니다.

○ ○ ○

4부
집은 아이의 언어 교실이다

1장
말을 잘한다는 것은

○○○ 나의 경험을 말로 풀어내는 능력

이번 장에서는 아이들의 '말'에 대해서 이야기해 보겠습니다. 우리는 "아이가 말을 잘한다, 잘 못한다"라는 식의 아이 말에 관한 평가를 종종 합니다. 말을 잘한다는 것은 뭘까요? 말을 끊임없이 많이 하는 것을 뜻할까요? 아니면 문법적으로 정확하고 풍부한 어휘를 사용해서 말할 줄 아는 것을 의미할까요?

'말을 잘한다'라는 것에는 다양한 의미가 포함될 수 있겠습니다만 아이들이 자신의 모국어로 얼마나 말을 잘하느냐의 가장 중요한 판단 척도는 바로 '서술 능력'입니다. 이때 서술이란 화자가 청자에게 일어난 일을 말로 설명하는 행위입니다. 일상생활에서 경험한 일을 얼마나 잘 요약하고 정리해서 말하느냐로 아이들의 말하기 능력을 가늠할 수 있는 것입니다.

자기가 경험한 일을 말로 적당히 요약해서 말하기만 하면 되니, 언뜻 보면 말을 잘한다는 것이 그다지 어려운 일만은 아닌 것 같습니다만 경험을 서술한다는 것은 그리 간단한 일만은 아닙니다. 서술은 단순히 기억나는 사건을 내 마음대로 뚝뚝 떼어서 말하는 것이 아니기 때문입니다. 서술을 잘하기 위해서는 맥락을 구성할 줄 아는 기술이 필요합니다.

개인적인 경험을 서술하는 것은 현재와는 다른 시간과 다른 공간에서 일어난 일을 말하는 것입니다. '여기'에서 '지금' 일어난 일을 말하는 것이 아니라 '거기'에서 발생한 '그때'의 일을 설명하는 것이죠. 화자가 사건 자체뿐만 아니라 그 사건이 발생한 시간적, 공간적 맥락까지도 청자에게 시간 순서에 따라 설명을 해야 '서술을 잘했다'라고 말할 수 있습니다.

Brown(1973)에서는 현재의 시간과 공간을 벗어난 사건을 이야기할 줄 아는 것은 아이들이 반드시 습득해야 할 주요 기술이라고 명시하고 있습니다. 이처럼 아이들에게 서술이 중요한 이유는 두 가지가 있는데요, 첫째는 원활한 의사소통을 위해서입니다. 화자가 일어난 사건 자체만을 달랑 말한다면 대화가 편안하게 이루어지지 않겠죠. 청자가 그 사건을 이해하느라 머리를 바쁘게 굴려야 하기 때문입니다. '언제 일어난 일이라는 거지?', '어디에서 일어난 일인 거지?' 하면서 말입니다. 그런데 서술할 때 사건이 발생한 시간과 공간의 맥락을 함께 말하면 청자는 큰 어려움 없이 화자의 이야기를 이해하게 되고, 또 대화가 부드럽게 이어지다 보니 화자 역시 자신의 발화 목적을 만족스럽게 달성할 수 있게 됩니다. 서술에 맥락이 포함되어야 하는 첫 번째 이유는 이와 같이 누구나 쉽게 예상할 수 있는 의사소통과 관련된 부분입니다.

두 번째 이유는 부모라면 누구나 관심을 가질만한 내용인데요, 서술 능력은 문어 습득에 상당한 영향을 미친다는 것입니다. 이는 서술 능력이 다름 아닌 아이들의 학교 성적과 밀접한 관계를 맺는다는 것을 의미합니다.

맥락을 갖춘 서술 능력이 학교 공부에 중요한 역할을 한다는 것이 대체 무슨 말일까요? 시·공간적인 맥락에 대한 인지는 탈맥락화 언어(decontextualized language)의 핵심 요소입니다. 탈맥락화 언어란 현재의 맥락을 벗어난 시간과 장소에서 일어난 사건을 말하는 것을 의미하며, 이러한 탈맥락화 언어는 학업을 성공적으로 수행할 수 있게 하는 데 상당히 주요한 역할을 하게 됩니다(Snow, 1983). 왜냐하면 학습해야 할 내용은 내 눈앞에 당장 벌어진 일이 아니라 지금, 이곳과 상당한 시·공간적 거리의 맥락을 가진 이야기인데, 이 맥락의 거리를 파악하여 이해할 수 있어야 학습이 제대로 이루어지기 때문입니다. 다시 말하자면, 아무리 사소하고 하찮아 보이는 일상의 작은 사건이라 할지라도 그것을 경험하고 기억해 내는 과정에서 맥락을 파악하고 논리적으로 구성하여 풀어낼 줄 아는 능력이 향후 아이들의 학습에 적극적으로 활용된다는 것입니다.

　구어 능력이 아이들의 읽기 능력에 긍정적인 영향을 미친다는 내용을 2부에서 다룬 바 있습니다. 2부에서는 구어 능력이 읽기 능력의 훌륭한 조력자라고 했는데요, 이때의 구어 능력은 바로 맥락을 갖춰 말할 수 있는 서술 능력을 의미합니다. 구어 능력은 책을 능숙하게 읽는 것을 도와주는 데에만 한정되는 것이 아니라 더 나아가 학업 전반에 긍정적인 영향을 미칩니다.

　이를 입증하는 재미있는 연구가 있습니다. 이 연구에서는 아이들에게 이야기를 들려주고 그 이야기를 요약해서 말하는 과제를 수행하게 한 후, 점수화하여 학교 성적과의 상관관계를 살펴봤습니다. 이야기의 맥락을 잘 챙겨서 요약한, 즉 서술 기술이 뛰어난 아이들은 그렇지 않은 아이들에 비해서 1학년 때 모든 과목에서 높은 성적을 받았으며, 2학년 때는 수학 성적에서, 3학년 때는 수학과 읽기 이해 능력에서 높은 성적을 받은 것으로 나타났습니다.

- 서술 능력은 성공적인 학업을 위한 가장 중요한 언어능력이다 (Feagans & Appelbaum, 1986).
- 경험을 표현할 수 있는 서술 능력은 문화생활 대부분을 지배하는 의미를 만드는 도구이다(Bruner, 1990).

이처럼 서술 능력은 아이들이 자신의 상황을 분명하게 표현하여 원하고자 하는 바를 성취할 수 있게 도와줄 뿐만 아니라 성공적으로 학업을 이어 나갈 수 있게 하는 필수적인 요소입니다.

○○○ 서술 능력을 키우기 위한 마법 같은 언어 자극

두 명의 7살 아이에게 놀이공원을 다녀온 경험에 대해서 물어봤습니다. 놀이공원에 다녀온 경험을 서술한 두 아이의 이야기를 한번 비교해 보겠습니다.

아이 1

질문자: 놀이 기구 타 본 적이 있어?

아이　: 네.

질문자: 그래? 그때 생각하면 무슨 일이 떠올라?

아이　: 기차 같은 거 타 봤고 컵 같은 데 막 돌아가는 것도 타 봤어요.

질문자: 와, 기차도 타고 컵 같은 것도 타 봤어?

아이　: 네. 어지러웠는데 재밌었어요.

질문자: 아, 그랬어?

아이　: 다른 것도 탔어요.

질문자 : 다른 거 뭐 더 탔어?

아이 : 회전목마도 타고 로켓 같은 거도 탔어요.

질문자 : 아, 그랬구나. 그 놀이 기구는 어땠어?

아이 : 재미있었어요.

아이2

질문자: 놀이 기구 타 본 적이 있어?

아이 : 네. 전에 동생 생일에 엄마랑 아빠랑 롯데월드에 갔는데요, 거기 서 타 봤어요.

질문자: 그래? 그날 뭐 했는지 기억나?

아이 : 어... 혹시 그 풍선 같은 거 알아요? 하늘 위에 있는 큰 풍선? 아무 튼 제일 먼저 그 놀이 기구를 탔는데 그거 탈 때 동생이 무서워 서 울었어요. 높이 올라가니깐.

질문자: 아, 그래? 동생이 울었어?

아이 : 동생이 막 울었어요. 근데 그 다음으로는 컵을 탔는데요, 그 막 돌 아가는 거요. 저랑 아빠랑 같이 탔는데 아빠가 그거 타고 토할 것 같다고 했어요. 저는 한 번 더 타고 싶었는데 그래서 안 된댔어요.

질문자: 아, 그랬구나. 아쉬웠겠네.

아이 : 네, 근데 그거 말고 다른 것도 하고 놀았어요.

질문자: 뭐?

아이 : 컵 타고 나서 아빠가 어지러워 가지고 놀이 기구 말고 다른 걸 했

어요. 롯데월드에 놀이터 같은 데가 있거든요? 버섯 같은 거도 있고요, 장난감 집 같은 것도 있어요. 거기서 놀았어요.

질문자 : 거기서 놀았어?

아이 : 네, 그런데 그때 제가 막 울었어요. 왜냐하면 한참 놀고 있었는데 갑자기 보니까 엄마도 없고 아빠도 없고 동생도 없는 거예요. 그래서 막 찾아봤는데 아무도 없어서 깜짝 놀라서 울었어요.

질문자 : 그래? 그래서 어떻게 했어?

아이 : 거기에 어떤 언니가 있었는데 그 언니한테 엄마 아빠 잃어버렸다고 말했어요.

질문자 : 그래서 어떻게 됐어?

아이 : 그 언니가 엄마, 아빠 찾아 주겠다고 그랬는데 조금 있다가 엄마 아빠가 왔어요. 어디 간 게 아니라 동생이 넘어져서 동생 돌봐주고 있었대요.

이 두 아이의 서술을 살펴보면 여러 측면에서 차이를 느낄 수 있습니다. 누가 더 말을 잘한 걸까요? 서술 수준의 높고 낮음은 맥락을 얼마나 잘 설명했는지에 따라 판가름 납니다. 2번 아이의 서술에는 시간적, 공간적 맥락이 매우 구체적으로 서술되어 있으므로 이 발화에서는 2번 아이의 서술 수준이 더 높다고 말할 수 있겠습니다.

저는 이 두 아이 모두 놀이공원에 가 본 경험이 있다는 것을 알고 놀이 기구를 타 본 적이 있냐는 질문으로 아이들과의 대화를 시작했습니다. 놀이공원에 가서 놀이 기구를 타 본 경험은 아이들의 기억에 남을 만한, 일상의 특별한 경험 같은 것이죠. 둘 다 특별한 경험을 했음에도 불구하고 두 아이의 서술에서 느껴지는 경험의 구체성이나 생생함의 정도에는 극명한 차이가 나타났습니다.

1번 아이의 발화를 자세히 살펴보면 모두 발생한 사건 위주의 단편적인 서술입니다. 1번 아이가 한 말을 한번 살펴볼까요? 아이는 "기차 같은 거 타 봤고 컵 같은 데 막 돌아가는 것도 타 봤어요", "어지러웠는데 재밌었어요", "다른 것도 탔어요", "회전목마도 타고 로켓 같은 거도 탔어요", "재미있었어요"라고 말했습니다. 아이의 서술에서 언제, 어디에서와 같은 시·공간적 맥락은 어디에서도 찾아볼 수 없습니다. 아이가 경험한 사건과 그 사건으로 인한 결과, 즉 '재미있다'와 같은 감정만이 서술 되어 있죠. 그래서 1번 아이의 이야기를 들으면 놀이 기구를 타는 평면적인 순간의 장면만 그려지게 됩니다.

반면에 2번 아이는 시·공간에 대한 맥락을 구체적으로 서술하고 있습니다. '동생의 생일'이라는 시간적 맥락과 '롯데월드'라는 공간적 맥락을 소개하는 것으로부터 이야기를 시작했습니다. 그리고 아이는 사건이 일어난 순서대로 구체적인 설명을 하고 있습니다. 이를테면 '제일 먼저', '그 다음으로', '컵 타고 나서', '그런데 그때', '조금 있다가'와 같이 시간을 표현함으로써 일어난 순서대로 경험한 사건을 서술하고 있습니다. 또한 단순히 놀이 기구를 탄 사건뿐만 아니라 '동생이 무서워서 울었다', '아빠가 놀이 기구를 타고 토할 뻔했다'와 같이 놀이 기구를 타면서 발생한 주요 사건들도 함께 서술했습니다.

속이 안 좋은 아빠 때문에 아이의 경험은 놀이 기구를 타는 곳으로부터 실내 놀이터로 장면이 이동하는데요, 이러한 장면의 이동도 자연스럽습니다. 청자가 '아, 그래서 실내 놀이터로 갔구나'를 이해하는 데 전혀 무리가 없게 말이죠. 2번 아이의 서술은 시간의 흐름에 따라 사건이 전개되고 장면의 이동까지 자연스럽게 이루어졌을 뿐만 아니라 당시 함께 있었던 사람과 경험했던 사건, 느꼈던 감정을 특징적으로 서술했습니다. 이로써 한 편의 짧은 이야기가 개연성을 갖추어 청자의 머릿속에 생생하게 그려집니다.

말을 잘한다는 것은 질적으로 완성도가 높은 서술을 한다는 것을 뜻합니다. 질적으로 높은 수준의 서술에는 하나의 사건을 구성하는 '언제', '어디에서', '누가', '왜'와 같은 정보들이 포함되어야 합니다. 이러한 요소가 포함되지 않은 채 중언부언 생각나는 대로 하고 싶은 말을 쏟아붓는 것은 결코 좋은 서술이라고 할 수 없겠습니다. 맥락이 포함된 이야기가 시간적 순서에 따라 서술되어야 하며, 이때 사건을 구체적이고도 정교하게 다듬어 주는 적절한 어휘, 접속사, 연결어를 사용하는 것이 좋습니다.

이처럼 시·공간적인 맥락과 시간적 전후 관계, 사건의 중요도에 대한 자신의 판단, 감정 등이 포함된 서술은 아이가 사건의 전후 관계를 이해했다는 것을 보여주는 신호가 되며, 그곳에서 그런 일이 왜, 어떻게 발생했는가에 대한 아이 나름의 논리적인 정리를 마쳤다는 것을 보여주는 근거이기도 합니다.

2장
말은 그냥 늘지 않는다

○○○ 모국어도 말하기 연습이 필요하다

놀이 기구를 탔던 경험에 대해서 이야기한 두 아이의 서술에서 나타난 질적인 차이를 앞서 살펴보았습니다. 말을 잘한다는 것은 서술을 잘한다는 것을 뜻하며, 이때 서술에 포함되어야 하는 요소에는 시·공간적 맥락과 당시 사건에 누가 있었는지, 그 사건에서 어떤 점을 강조하고 싶은지 등의 요소가 포함되어야 한다고 말씀드렸습니다. 그런데 이러한 요소를 적절히 넣어 서술할 수 있는 능력은 어떻게 키울 수 있을까요? 모국어니까 그냥 내버려 둬도 시간이 지남에 따라 말하기 기술이 자연적으로 쌓이는 것일까요?

신경 쓰지 않아도 서술 능력이 키워지면 좋으련만 아쉽게도 그렇지 않습니다. 수준 높은 한국어를 구사할 줄 아는 화자가 되려면 아무리 모국어라 할지라도 말하기 연습이 필요합니다. 그런데 모국어도 연습해야 잘할 수 있게 된다는 사실을 아는 분은 그리 많지 않습니다. 흔히들 모국어로 말하는 것을 일종의 걷는 행위처럼 여기기 때문이죠. 아이가 일정 시간만 지나면 능숙하게 걷게 되는 것처럼 말도 그럴 거라고 생각합니다. 아이가 한마디만 내뱉기 시작하면, 한글만 깨우치면 그 이후로는 모든 것이 일사천리로 흘러갈 거라고 믿는 거죠. 걷는 행위야 걸을 수 있게 되는 지점에만 도착하면 이 사람이나 저 사람이나 다 똑같아지게 마련이지만, 애석하게도 말은 그렇지 않습니다. 하는 말을 들어보면 저마다의 수준이 천차만별입니다. 그렇기에 '말하기 연습'은 필요합니다.

국어 연습을 해야 한다고 하면 보통 모국어의 말하기 연습을 떠올리지는 않습니다. 그것도 일상의 경험을 '잘' 서술할 줄 알아야 한다고 하면 한 귀로 듣고 한 귀로 흘려 버리기가 십상입니다. 일상의 경험을 서술한다는 것 자체가 대수롭지 않아 보이니까요. 그래서 대부분의 부모는 국어 연습을 위해 인기 있는 국어 학원, 논술 학원, 독서 교실부터 찾아봅니다. 물론 이런 기관에서 하는 공부도 아이의 국어 학습과, 아이의 말에 일정 부분 도움을 줄 것입니다. 그런데 아이가 맥락을 구성하여 자신의 개인적인 경험을 서술할 줄 모르면 아무리 유명한 국어 학원에 다닌다고 한들, 논술 학원에 가서 수십 개의 글을 쓴다고 한들, 아이의 텍스트 이해 능력이나 글쓰기의 논리력은 기대한 만큼 절대 높아지지 않습니다. 일상에서 발생한 사건의 전후 관계를 이해하고 사건의 정황을 논리적으로 파악하여 이것을 정리해서 말로 표현할 줄 아는 것이 모든 공부의 기초이기 때문입니다. 일상에서 일어나는 사건을 논리적으로 구성할 수 없는데 더 고차원적인 학습 내용의 전후 관계를 파악하여 이해하기란 불가능에 가깝습니다.

앞 장에서 자신의 경험을 서술한 두 아이는 정보의 구체성과 맥락의 유무로 발화의 수준에서 큰 차이를 보였습니다. 이 격차는 말하기 연습에서 비롯됩니다. 그러니 우리는 아이들의 모국어의 말 연습을 시켜야 합니다. 아이들의 학습에 기초가 되는 논리력을 키울 수 있는, 맥락을 갖춘 서술을 할 수 있도록 연습시켜야 하는 것입니다.

○ ○ ○ **부모의 스캐폴딩**

아이와 함께 개울가를 건너가는 장면을 상상해 보겠습니다. 개울가에 징검다리가 띄엄띄엄 놓여 있습니다. 여러분은 지금 막 첫 번째 징검다리를 건너 두 번째 다리로 발을 옮겼습니다. 뒤따라오던 아이도 징검다리를 곧잘 따라옵니다. 그러다가 다리와 다리 사이가 좀 많이 벌어진 곳이 나타났습니다. 아이는 멈춰 서서 주저합니다. 지금까지 한 번도 뛰어넘지 않았던 간격의 다리입니다. 바로 아래에는 물이 찰랑거리고 있고요. 여러분이라면 어떻게 하시겠습니까? 당연히 뒤돌아 아이의 손을 붙잡아 주겠지요. 그리고 아이가 좀 더 넓은 간격의 징검다리를 무사히 건널 수 있게 도와줄 것입니다. 한두 번 손을 잡아 주다 보면 아이는 어느새 혼자서도 거뜬히 다리를 건널 수 있게 됩니다.

개울가의 징검다리를 건너는 상황은 비고츠키의 근접 발달 영역(Zone of Proximal Development)을 떠올리게 합니다. 근접 발달 영역(ZPD)이란 아이가 혼자 할 수 있는 실질적인 발달 영역(actual development level)과 교사나 부모의 도움을 받으면 해결할 수 있는 잠재적 발달 영역(potential development level) 사이의 간극을 말합니다. 이 영역에서는 부모나 교사가 아이에게 도움을 주면 아이는 더 어려운 단계의 과제를 수행할 수 있게 되며, 이 과정에서 아이의 능력이 향상됩니다. 이때 근접 발달 영역(ZPD)에서 아이를 끌어주는 것, 아이가 더 높은 단계에서 혼자서 활동할 수 있도록 도움을 주는 것을 스캐폴딩(scaffolding)이라고 합니다.

근접 발달 영역

　　스캐폴딩은 다양한 교육 분야에서 적용될 수 있는데요, 개울가의 징검다리를 건널 때 아이의 손을 잡아 주며 도움을 준 것처럼 아이 말의 기술을 늘릴 때도 부모의 스캐폴딩 역할이 필요합니다. 아이가 익숙하고도 단순한 방식으로만 말하려고 할 때 아이의 발화에서 여기저기 구멍이 뚫려 있는 부분을 아이가 스스로 채울 수 있도록 부모가 아이의 발화에서 비어 있는 부분에 대해서 질문하거나 이렇게 말하면 된다는 예시를 보여주는 것입니다. 아이와 상호작용을 하면서 이루어지는 부모의 스캐폴딩 역할은 아이가 서술 기술을 습득하는 데 핵심적인 역할을 합니다. 부모의 이러한 스캐폴딩은 더 나아가 아이가 문제를 논리적으로 해결하고 담화를 구성하는 것, 그리고 의사소통 기술을 키워 나가는 데도 도움을 주게 됩니다.

서술 능력이 뛰어난 아이와 그렇지 않은 아이의 차이도 이와 같은 부모의 스캐폴딩 역할에서 연유된 경우가 많습니다. 아이의 서술 능력과 부모의 스캐폴딩의 연관성에 대해 실험한 연구가 있는데요, 이 연구에서는 부모의 담화 방식에서 아이들의 서술 능력의 차이가 비롯된다는 것을 밝혀냈습니다. 아이의 이야기에서 맥락을 되짚고 강조했던 부모의 자녀들이 서술 능력이 뛰어난 것으로 나타났습니다. 맥락을 강조했다는 것은 아이의 서술 상황에서 채워지지 않은 부분들, 이를테면 '언제', '어디에서', '누가', '무엇을'과 같은 맥락을 구성하는 정보가 부족할 경우, 그에 대한 추가적인 질문을 했던 것이죠. 부모의 이러한 추가적인 질문은 아이들로 하여금 맥락과 관련된 정보가 발화에서 빠져서는 안 되는 중요한 정보라는 인식을 불러일으켜 혼자 서술을 이어 나갈 때도, 어떤 상황을 이해하려는 과정에서도 이러한 정보를 빠뜨리지 않고 챙기려는 경향을 보였습니다.

제 아이도 종종 최소한의 정보만을 가지고 말할 때가 많습니다. 사실 아이가 시·공간적인 맥락을 다 빼고 일어난 사건 그 자체만을 이야기해도 대충 끼워 맞추면 다 이해할 수 있긴 합니다만 저는 꼭 한번 물어봅니다. '언제', '어디에서', '왜'라는 질문과 더불어 더 구체적인 설명을 할 수 있게 유도하는 것입니다.

어느 일요일 오후에 아이와 다음과 같은 이야기를 나눴습니다.

아이: 엄마, 나 사방치기 해 봤어.

엄마: 그래? 어디서 사방치기를 했는데?

아이: 교실에서 사방치기 해 봤지. 그거 매일 해.

엄마: 아, 그래? 근데 사방치기는 언제 하는 건데?

아이: 4시 이후부터 해.

엄마: 4시 이후? 아, 그래? 그때 하는 특별한 이유가 있어?

아이: 그 시간에 친구들이 많이 집으로 갈 때니까 조용해서? 사람 너무 많으면 사방치기 하기 어려울 것 같아. 근데 이건 내 생각이야. 진짜 왜 그러는지는 몰라.

엄마: 지난번에 사방치기 할 때 누가 누가 있었어?

아이: 그때 많이 있는 친구들은 수민이랑 은지랑 윤수랑 예은이가 있어. 이런 친구들이 있어.

엄마: 근데 사방치기는 어떻게 하는 거야?

아이: 사방치기는 1부터 8까지의 수가 있는데 먼저 돌멩이를 1에다가 던지고 그 다음에 시작할 때는 1을 밟지 않고 한발로 2를 밟아. 근데 엄마 이거 몰라?

엄마: 오래 전에 해 봐서 새까맣게 잊어버렸지.

아이: 그래? 난 이거 다 아는 건 줄 알았어. 아무튼 2 다음에 3이 있잖아. 3을 또 한발로 밟아. 그리고 4, 5부터는 두 발로 밟아도 돼. 그리고 또 6을 한 발로 밟고 7, 8을 두 발로 밟아. 그리고 여기서 7을 밟았지? 그러면 무릎을 구부렸다가 뒤로 이렇게 돌아서 앞을 보는 거야. 그리고 이제 앞으로 돌아오는 거거든? 또 6을 한 발로 밟아. 그 다음에는 4, 5를 밟아. 그 다음에 3을 한 발로 밟았지? 2

를 한 발로 짚고 던졌던 돌멩이를 1에서 줍는 거야.

엄마:　　와, 설명 들으니까 엄마 어렸을 때 했던 기억이 난다.

아이가 먼저 사방치기를 해 봤다는 자신의 경험을 이야기했습니다. 아이들은 이렇게 자신이 경험했던 일을 시간이 한참 지난 뒤에 불쑥 꺼낼 때가 있습니다. 그럴 때 보통 다짜고짜 앞뒤 맥락을 다 자르고 그냥 했던 일, 일어난 핵심 사건만 뚝 떼어 내어 이야기할 때가 많죠. 그렇다고 하더라도 아이의 동선은 뻔하기에 부모들은 어디에서 그런 경험을 했을지 대충 다 짐작할 수 있습니다. 그래서 보통은 시·공간적 맥락을 물어볼 필요를 못 느낄 때가 많습니다. 그래서 아이가 "나 사방치기 해 봤어"라고 이야기하면 대다수의 부모는 "아, 그래? 재미있었어?", "잘 할 수 있었어?" 혹은 "어땠어?"라는 결과에 치중한 질문을 하게 됩니다. 그럼 아이들도 "재미있었다", "잘할 수 없었다", "어려웠다"와 같은 결과 위주의 대답을 하게 됩니다. 맥락을 갖춰 서술을 해 볼 기회를 잃게 되는 겁니다.

저는 아이에게 사방치기의 경험에 대해서 '어디에서', '언제', '누구와'와 같은 맥락을 구성하는 정보들을 물어봤습니다. 그리고 사방치기를 하는 방법에 대한 상세 서술을 요구했고요. 아이의 발화에서 비어 있는 곳에 대한 정보를 물어보고 아이가 그 빈 곳을 채워 나가는 과정에서 아이는 현재의 맥락을 벗어난 과거의 경험에 대한 서술을 구체적으로 연습할 수 있게 됩니다. 아이가 빈 곳을 채워 나갈 수 있게 하는 부모의 스캐폴딩 작업은 아이로 하여금 발화시 맥락이 중요하다는 사실을 깨닫게 함과 더불어 과거의 경험을 떠올리고 그 경험을 논리적이고 구체적인 상황으로 서술할 수 있게 합니다. 아이가 놓친 서술의 맥락을 다시 떠올릴 수 있게 계속 자극하는 과정이 바로 아이의 말하기 연습이며 이는 아이의 서술 능력을 높여 주는 발판이 됩니다.

3장
문장은 생각의 시작

아이의 말을 키우는 데 있어서 부모의 역할은 지대합니다. 앞 장에서 아이의 서술 기술을 늘려주기 위한 부모의 스캐폴딩에 대해서 살펴보았는데요, 이번 장에서부터는 아이의 말을 다각도로 성장시킬 수 있는, 생활에서 가볍게 할 수 있는 말하기 연습 방법들을 소개해 드리고자 합니다.

아이의 말하기 연습은 문장에서 시작할 수 있습니다. 영어로 문장을 뜻하는 단어 'sentence'는 '생각의 방법'이라는 라틴어 'senténtia'에서 유래했는데요, 미국의 소설가 웬델 베리는 문장으로 생각해야 하고 문장 안에서 생각해야 한다고 하면서 문장은 생각의 기회이자 한계라고 설명하고 있습니다.

문장은 생각의 시작입니다. 그렇기에 문장을 만들기 위해서는 생각을 해야 합니다. 새로운 문장을 만든다는 것은 새로운 생각을 한다는 것을 의미합니다. 현재의 맥락을 벗어난 문장을 만든다는 것은 상상력과 창의력, 서술 능력을 키워 나가는 데 그 무엇보다도 중요한 기초가 됩니다. 생각을 하고 새로운 문장을 만드는 과정에서 아이디어가 생겨나고 그로써 또 다른 문장이 태어나는 순환 과정은 아이의 생각과 말을 늘리는 가장 좋은 방법 중 하나인 거죠.

○○○ 문장 만들기 놀이

저는 그래서 아이와 <문장 만들기 놀이>를 종종 하곤 합니다. 보통 아이와의 문장 만들기 놀이는 마트에 가서 장을 보거나 길을 걷거나 늦잠을 자고 일어난 주말 아침에 합니다. 이처럼 문장 만들기 연습은 시간을 따로 떼어 놓고 공부처럼 하는 활동이 아닙니다.

자, 아이와 마트에 갔습니다. 카트 안에 덩그러니 앉아 있는 아이는 지루할 수밖에 없습니다. 칭얼대는 아이를 두고 맘 편히 장을 볼 수 없으니 대부분 아이에게 핸드폰을 쥐여 주며 만화나 영상을 틀어 줍니다. 핸드폰을 아이에게 주는 것보다는 다소 귀찮고 부모의 품이 들긴 합니다만, 저는 바로 이럴 때 아이와 문장 만들기를 합니다. 종이도 연필도 필요 없습니다. 그저 머릿속으로 생각을 하고 만들어 낸 문장을 말로 하면 되는 겁니다.

저는 주로 아이에게 명사 두세 개를 알려주면서 문장을 만들어 보라고 합니다. 마트에 가면 볼거리가 정말 많습니다. 그냥 부모 눈에 들어오는 것들을 중심으로 단어를 툭툭 던져 보세요. 그럼 아이는 상상력을 발휘해서 뭔가를 뚝딱 만들어 냅니다. 아이가 '문장'이라는 개념을 잘 모른다면 처음에는 부모가 먼저 예시를 보여주면 됩니다.

다음은 아이가 7살 때 저와 마트에 함께 가서 했던 문장 만들기 놀이입니다. 장보기를 시작하기도 전에 아이는 벌써 지루해진 모양입니다. 장보기가 언제 끝나냐고 저를 채근하기 시작한 아이에게 생각 숙제를 하나 던져 주었습니다. 마침 유제품 코너를 지날 때라 제 눈에 우유와 계란이 들어왔죠. 그래서 아이에게 '계란', '우유'라는 단어를 주었습니다. 이것만으로는 만들기가 힘들까 싶어서 '사람'이라는 단어를 하나 더 추가해서 문장을 만들게 시켰습니다.

엄마:	우리 심심한데 문장 만들기 놀이나 할까?
아이:	좋아.
엄마:	'계란', '우유', '사람'으로 만들어 봐.
아이:	음... 어떤 사람이 계란을 먹다 말고 우유를 마셨어요?
엄마:	오, 좋아. 그 사람은 어디서 계란 먹고 우유를 마신 거야?
아이:	그 사람은 집에서 계란을 먹다가 우유를 마신 거야.
엄마:	왜 그 사람은 계란을 먹다가 우유를 마신 건지 알아?
아이:	왜냐하면 노른자만 먹으면 텁텁하니까 그러니까 마신 거야.

엄마: 너도 그럴 때 있었어?

아이: 그럼, 있었지.

엄마: 그러면 너는 노른자 먹고 텁텁할 때는 어떻게 했어?

아이: 나는 물을 마셔. 왜냐하면 우유는 과자랑 먹을 때 더 맛있으니까.

저에게 '계란', '우유', '사람'이라는 세 단어로 문장을 만들어 보라고 하면 글쎄요, 사실 마땅한 문장이 떠오르지 않습니다. '어떤 사람이 계란하고 우유를 샀어요' 정도의 문장이 떠오릅니다. 그런데 아이는 '계란'이라는 단어에서 삶은 계란을 떠올렸고 그것을 먹던 상황을 기억해 냅니다. 그리고 노른자를 먹을 때 목이 메었던 상황도요. 그럴 때 자신은 물을 마셨지만, 엄마가 제시해 준 단어에는 우유가 있었으니 '우유를 마셨다'로 문장을 마무리한 것이지요. 이 짧은 시간에 아이는 별것 아닌 단어 세 개로 자신의 기억과 경험을 총동원해서 문장을 만들어 냈습니다. 몇 분 안 되는 짧은 시간 동안 한 번 더 생각하고 그 생각을 정리해 말로 풀어낸 것입니다.

아이가 만들어 낸 문장을 들어 보고 이에 대해 질문거리가 있으면 이것저것 물어볼 수도 있습니다. 위의 대화에서 제가 아이에게 '그 사람은 어디서 계란을 먹었느냐?', '왜 그 사람은 계란을 먹다 말고 우유를 마셨느냐?', '너도 그런 적이 있었느냐?', '너는 어떻게 했느냐?'와 같은 질문을 했는데요, 이런 질문들을 해 보면 아이가 어떤 생각의 끝에서 이런 문장을 만들었는지 알게 될 때가 종종 있습니다.

문장 만들기 놀이에 아이가 익숙해지면 아이는 문장 만들기를 그저 일상적인 대화의 한 부분처럼 받아들이고 아무렇지도 않게 문장을 쓱쓱 만들어 냅니다. 심지어 가끔은 아이가 먼저 '문장 만들기 놀이할까?'라고 먼저 제안하기도 하죠.

다음은 아이스크림 가게에 앉아서 만든 문장 만들기 놀이입니다. 아이와 아이스크림 가게에서 친구를 기다리는 중이었습니다. 기다리는 시간이 지루했던 아이는 저에게 문장 만들기 놀이를 하자고 제안했습니다.

아이:　엄마, 우리 문장 만들기 할까?

엄마:　좋아. 하자. 먼저 문제 내 줘.

아이:　오케이, 알았어. 음.... 아이스크림, 콘, 맛있다

엄마:　음... 콘에 담아 먹는 아이스크림이 컵에다 먹는 것보다 맛있어요. 어때?

아이:　오, 잘 만들었어. 엄마, 이번엔 엄마가 문제 내.

엄마:　좋아. 영어, 컵, 의자.

아이:　영어가 쓰인 컵에 음료수를 담아서 의자에 앉았어요.

엄마:　핫초코, 빨대, 뽀로로.

아이:　뽀로로가 핫초코에 빨대를 꽂아 먹다가 '앗, 뜨거워'라고 말했어요.

뭐 이런 식입니다. 탁구공처럼 왔다 갔다를 반복하면서 서로 문장 만들기를 하는 거죠. 주어진 단어로 문장을 만들기 위해서 아이는 주

변을 살피며 관찰하거나 관련된 경험을 떠올립니다.

집 밖에서 문장 만들기를 하면 당장 내 눈 앞에 펼쳐지는 풍경 중에 아무 단어나 지정해서 문장을 만들어 보라고 하면 되는데요, 집 안에서 문장 만들기를 하게 된다면 풍경이랄 게 없이 늘 같은 모습이니 새로운 단어를 계속 생각해 내야 한다는 번거로움이 있습니다. 그럴 때는 하나의 주제를 선정해서 그 주제에 속하는 단어들로 문장 만들기를 할 수가 있습니다. 어느 날 주말 아침에는 신체 부위 명칭을 중심으로 문장을 만들어 보기 시작했습니다.

엄마: 자, 엄마가 문제 낸다. 오늘은 단어 두 개로만 해 보자. 몸 단어 중심으로.

아이: 좋아.

엄마: 산, 눈.

아이: 산에 갔을 때 눈 덕분에 앞의 사람과 부딪히지 않고 벌레도 밟지 않게 됐어요.

엄마: 오, 좋아. 그럼 이번에는 놀이터, 귀.

아이: 귀 덕분에 놀이터에서 친구들이 소곤소곤 말하는 소리를 들을 수 있었어요.

엄마: 발가락, 자동차.

아이: 자동차를 탈 때 발가락을 꼼지락거렸어요. 왜냐하면 발꼬락들이 심심해서요. 흐흐

엄마: 이거 재미있다. 이번에는 무릎, 바닥.

아이: 설날에 할머니 댁에서 바닥에 무릎을 꿇고 절을 하고 나서 세뱃
돈을 받았어요.

혹시 느끼셨나요? 아이가 7살 때 만들었던 문장보다 8살 때 만든 문장이 훨씬 더 섬세해진 것 말입니다. 아이는 연습을 거듭할수록 복잡한 상황을 더 자세하고 정교하게 문장으로 풀어낼 수 있게 됐습니다. 마치 한국어 언어 교실에서 외국인 학생들에게 똑같은 단어 세 개를 주어도 초급과 중급과 고급에서 다른 수준의 문장을 만들어 내는 것과 같습니다.

아이는 문법적으로 복잡한 문장을 만들고 다양한 어휘를 사용하는 측면에서만 발전을 이룬 것은 아닙니다. 하나의 문장을 만들기 위해서 수많은 장면을 떠올려 그것을 서술하는 연습을 반복하면서 전보다 훨씬 더 수월하게 생각하고 그것을 문장으로 만들어 낼 수 있게 됐습니다. 이러한 연습은 아이의 머릿속 생각을 말이나 글로 표현하는 데 주춧돌 역할을 하게 됩니다. 아무런 준비 없이, 따로 시간을 내지 않고 뒹굴면서 할 수 있는 문장 놀이는 아이의 말하기 능력을 기대 이상으로 향상시켜 줍니다.

당연한 이치겠지만 이러한 문장 만들기 놀이는 아이들의 글쓰기에도 큰 도움을 줍니다. 아이가 초등학교에 입학하고 얼마 지나지 않으면 일기를 쓰게 됩니다. 문장을 만들기 위한 생각을 해 본 적도 없

고, 실제로 문장을 만들어 본 적도 없는데 초등학교 1학년이 되었다고 해서 어느 날 갑자기 여러 개의 문장으로 구성된 일기를 쓰라고 하죠. 자기 생각을 쓰라고 합니다. 게다가 일기에는 '나'를 쓰면 안 되고 '오늘'이라는 말이 들어가서도 안 되며, 매일 있는 그저 그런 일상을 써서도 안 된다는 규칙까지 덧붙여져 있습니다. 문장이란 것을 한 번도 만들어 본 적이 없는 아이에게 규칙에 맞춰 여러 개의 문장으로 이루어진 하나의 이야기를 만들라는 것은 아이에게 고통스럽기까지 한 일입니다.

문장 단위의 생각을 하고 문장을 만들어 보는 것은 아이들에게 필수불가결한 활동입니다. 생각할 거리를 주며 계속 자극하지 않으면 사람은 머리를 잘 쓰지 않게 됩니다. 아이들도 마찬가지입니다. 아이들이 생각이란 것을 귀찮게 여기기 전에, 생각하여 문장 만들기와 같은 활동의 시작은 이르면 이를수록 좋겠습니다. 문장 만들기에 익숙해진 아이들이어야 자기의 생각을 말하는 것에서부터 하나의 완결된 짧은 글을 쓰는 데까지 무리 없이 다다를 수 있기 때문이죠.

4장
생각을 말할 수 있는 힘

생각을 말로 표현하는 것은 굉장히 어려운 일입니다. 내 생각을 인지하고 그것을 말이나 글로 다른 사람에게 표현하는 일은 성인들에게도 녹록지 않습니다. 일단 내가 무슨 생각을 하고 무슨 감정을 느꼈는지를 의식적으로 알아차리는 것부터가 쉽지 않기 때문인데요, 감정이나 생각을 밖으로 끄집어내어 이것이 어떤 말로 표현될 수 있는지 배우지 않는다면 생각은 그저 머릿속 실체 없는 하나의 덩어리로만 존재하게 됩니다.

생각이나 감정을 말할 수 있는 힘은 배우지 않으면 키울 수 없는 영역입니다. 그러므로 아이가 자신의 감정이나 생각을 표현해 낼 수 있도록 가르쳐야 하며, 이는 다름 아닌 부모의 역할입니다. 앞 장에서 부모의 스캐폴딩 역할을 말씀드렸는데요, 아이가 자기 생각이나 감정을 말하기 어려워할 때 부모가 아이의 말이 한 단계 더 발전할 수 있게 도와주는 겁니다. 겁이 나서 징검다리를 건너지 못하고 있는 아이에게 손을 내밀어 끌어 주었듯이요. 아이의 생각을 이런저런 말들로 표현할 수 있다는 것을 부모가 알려주고 스스로 할 수 있게 도와주는 것이지요.

아이들은 자신의 마음속 생각과 감정을 말로 표현하기 어려워합니다. 그도 그럴 것이 아이들은 자기가 느끼는 불편한 감정과 즐거운 감정이 말로 어떻게 표현되어야 하는지 모르기 때문이지요. 일종의 어휘력의 부족이라고 할까요? 그래서 "너의 기분이 어땠어?", "그래서 너는 어떻게 생각했어?"라고 물어보면 순간 입을 닫아 버리거나 '좋다'와 '나쁘다'와 같은 일차원적인 단어로 자신의 감정을 평면적으로 단순화시켜 말해 버리곤 합니다.

한국어를 배우는 외국인들도 마찬가지입니다. 한국어를 막 배우기 시작한 외국인들은 자신의 경험이나 생각에 대해서 말할 때 '좋다', '나쁘다', '맛있다', '맛없다', '재미있다', '재미없다'와 같은 포괄적인 단어로만 표현할 수 있습니다. 이러한 단어로 표현된 그들의 경험은 굉장히 단편적인 무언가가 되어 버리죠. 그런데 학생들의 한국어 실력이 점차 늘어 가면서 학생들은 자기 생각을 구체적으로 표현할 수 있게 되는데요, 아이들에게도 자기 생각을 피력할 수 있는 방법을 알려주고 그에 따른 적절한 연습을 하게 해야 합니다.

'아이들은 점차 커 가면서 다양한 어휘를 알게 될 테니까 자연스레 말할 수 있겠지'라는 생각은 오산입니다. 생각을 적절한 말과 연결시켜 표현하는 연습을 하지 않으면 아이들은 자기 생각을 '좋다', '나쁘다'와 같은 단조로운 단어의 틀 안에 가둬 버리게 됩니다. 아이들의 생각의 수준이 단순한 말의 수준에 머무르게 되는 것이죠. 그렇다면 아이들의 생각과 감정을 어떻게 하면 깊은 언어로 풀어낼 수 있게 할까요?

○○○ 감정 알아맞히기 퀴즈 놀이

자, 유치원에서 돌아온 아이의 표정이 뾰로통합니다. 뭔가 속이 상한 일이 있었던 게 분명한데 입을 꾹 다물고 말하지 않습니다. 그럼 이럴 땐 어떻게 해야 할까요? 입을 꾹 다문 아이에게 계속 말하라고 다그칠 수도 없고 부모의 마음은 답답하기 짝이 없습니다. 이럴 때 저는 아이에게 퀴즈를 내 봅니다. 심각하지 않게, 가볍게 아이의 마음을 말할 수 있게 하는 효과적인 방법입니다.

저는 뭔가 뿔이 나 있는 아이에게 다짜고짜 "자, 지금부터 우리 딸 마음 알아맞히기 퀴즈를 시작하겠습니다"라고 말을 겁니다. 그럼 아이는 이미 퀴즈라는 말에서 관심을 가지기 시작하죠. '무슨 퀴즈지?', '내 마음을 알아맞힌다니 저게 무슨 말이야?' 싶어서 눈을 동그랗게 뜨고 저를 쳐다봅니다.

엄마: 자, 지금부터 우리 딸 마음 알아맞히기 퀴즈를 시작하겠습니다.

아이: 퀴즈?

엄마: 네, 자, 퀴즈 문제 나갑니다. 귀를 쫑긋 세우고 열심히 듣고 문제를 맞히세요.

아이: 네.

엄마: 자, 지금 우리 딸의 기분은 어떨까요? 1번, '기쁘다', 2번, '슬프다' 정답은?

아이: 2번!

엄마: 정답! 네, 정답을 맞히셨습니다. 와, 정말 잘하시는군요.

아이: 히히.

엄마: 자, 그럼 이번에는 조금 더 어려운 문제입니다. 이 문제를 맞히면 사탕을 받을 수 있습니다.

아이: 뭐예요? 뭐예요?

엄마: 우리 딸이 기분이 슬픈 이유는 무엇일까요? 1번 '오늘 점심이 맛이 없었다', 2번 '유치원에서 엉덩방아를 찧었다', 3번 '여기에 답이 없다' 자, 무엇일까요?

아이: 3번! 여기에 답이 없다!

엄마: 3번! 정답입니다! 그럼 어떤 답이 정답입니까?

아이: 오늘 민정이가 나랑 안 놀고 다른 애랑만 놀았어.

엄마: 아, 그래서 기분이 안 좋았군요.

아이: 네.

엄마: 자, 그럼 이제 마지막 문제 나갑니다. 민정이가 같이 안 놀고 다른

친구랑 놀았을 때 딸의 기분은 어땠을까요? 1번 '서운하다', 2번 '궁금하다', 3번 '다행스럽다', 자, 뭘까요?

아이: 1번이요.

엄마: 와, 퀴즈를 정말 잘 맞히시네요! 여기 사탕 상품 받아 가세요. 자, 그래서 오늘 무슨 일 때문에 어떤 감정이 들었다고요?

아이: 민정이가 다른 친구랑 놀아서 서운했어요.

아이가 자기에게 벌어진 일, 그로 인해 생긴 감정에 대해서 말하지 않을 때 이와 같은 퀴즈 내기는 매우 유용한 방법입니다. 부모와 떨어져 있는 시간에 아이에게 일어난 일에 대해 부모는 선생님들로부터 전화를 받고 알게 되거나 혹은 아이의 표정에서 짐작을 할 수 있게 되는데요, 이미 알고 있거나 혹은 대략 짐작하고는 있는데 아이에게 무슨 일이 있었냐고 물어보면 아이는 정작 대답을 잘 못할 때가 많습니다. 그럴 때 위와 같이 퀴즈를 내어 보세요. 객관식 문제에서는 조심스럽게나마 아이들은 자신의 마음을 고를 수 있게 됩니다.

위의 퀴즈 대화를 보시면 일단 속상해 보이는 아이가 마음을 열고 말할 수 있게 괜히 아주 신이 난 것처럼 퀴즈를 내기 시작했습니다. 아이의 감정 퀴즈를 시작할 때 첫 번째 문제는 일단 고민 없이 대답할 수 있는 것이어야 합니다. 그래서 '기쁘다', '슬프다'와 같은 아이가 알고 있는 단어로 시작했습니다. 그럼 아이는 보통 주저하지 않고 자신의 감정에 해당되는 단어를 고릅니다. 다음 문제는 아이의 기분이 나쁜 이유를 알기 위한 문제였습니다. 저는 일부러 1번과 2번에 말도 안 되는 이유를 넣어 봤습니다. 아이의 입으로 직접 자신이 지금 느끼는 감정의 이유를 말하게 하려고요. 아이는 엄마가 얼토당토않은 이유를 갖다 대자 아니라고 말하고서는 자신이 기분이 상한 이유를 간략하게 말했습니다.

여기서 끝이 나도 되는 퀴즈이지만 저는 슬픔을 나타내는 다양한 감정 단어를 알려주고 싶어서 두 번째 문제를 냈습니다. 아이가 그 당시에 느꼈던 감정을 '슬프다'라는 단어로 두루뭉술하게 표현하기보다 좀 더 상황에 적합한 단어를 알려주기 위해서였습니다. 이때도 아이가 아리송해서 대답하기 어려우면 안 됩니다. 정답 이외의 선택지는 좀 엉뚱한 것이어야 아이가 편하게 대답을 할 수 있는 거죠. 그래서 저는 '서운하다'를 정답으로 정해놓고 '궁금하다', '다행스럽다'와 같이 정답이 될 수 없는 감정 단어를 선택지로 넣었습니다. 그리고 마지막으로 아이에게 자신의 경험과 감정을 하나의 문장으로 쭉 말할 수 있는 연습도 시켰습니다. '네가 경험한 오늘과 같은 일은 '서운하다'라고 표현할 수 있는 거란다'를 가르쳐 준 것이죠.

저는 아이에게 '서운하다'라는 단어를 알려줬지만, 아이가 이 단어를 알고 있다면 또 새로운 감정 단어를 제시해 주면 됩니다. '야속하다', '외롭다', '울적하다', '심술 나다' 등 아이의 감정을 표현할 수 있는 수많은 단어는 아이의 말에서 선택되기만을 기다리고 있습니다. 아이가 자신의 생각과 감정을 말할 때 단어들을 자유자재로 선택해 표현할 수 있도록 아이의 경험에 어울리는 말들을 알려주고 상황을 설명할 수 있도록 장려해 주세요.

이와 같은 감정 알아맞히기 퀴즈 놀이를 몇 번 하다 보면 아이는 자기의 경험과 그에 대한 자기 생각, 감정을 말하는 것에 좀 더 편안하게 다가가게 됩니다. 혹은 자기가 어떻게 표현해야 할지 모를 때에는 저에게 "엄마, 내 기분 퀴즈를 내 줘"라고 부탁하거나 자신의 구체적인 경험을 저에게 이야기해 주면서 그럴 때는 어떤 기분이라고 말해야 되냐고 적극적으로 물어보기도 합니다.

○○○ 생각도 연습을 해야 말할 수 있다

비가 그친 어느 오후에 아이와 저는 횡단보도에서 신호가 바뀌기를 기다리고 있었습니다. 기다리는 동안 아이는 우산 끝으로 길바닥에 자기 이름을 쓰기 시작했습니다. 이름을 쓰다 어느 순간에 힘을 잘못 주었는지 우산 손잡이가 갑자기 뚝 부러진 겁니다. 얼마 전에 새로 산 아끼던 우산이었는데 그렇게 맥없이 부러져 버리니 아이는 꽤나 당황했던 모양입니다. 제 눈치를 한번 살피고선 말없이 집까지 걸어갔습니다. 집에 도착해서까지 아이가 아무 말이 없길래 제가 먼저 우산이 부러진 사건에 대해 말을 꺼냈습니다.

엄마:　　아까 횡단보도 앞에서 우산이 부러졌잖아. 그때 무슨 생각했어?
아이:　　어... 속상했어. 이제 다시는 못 쓰게 됐으니까.

엄마: 아, 그래. 엄마도 네가 속상했을 거라 생각했어.

아이: 그래? 그리고 나 아까 되게 후회했어.

엄마: 뭘 후회했는데?

아이: 내가 아까 바닥에다가 내 이름 썼잖아. '내가 왜 거기에 내 이름을 썼을까?' 하면서 후회했어. 이름 안 썼으면 우산도 안 부러졌을 텐데.

엄마: 아, 이름 써서 부러졌던 것 같아서 후회했어?

아이: 응, 그리고 깜짝 놀랐어.

엄마: 왜 놀랐어?

아이: 우산 손잡이가 갑자기 부러졌으니깐.

엄마: 아, 갑자기 부러져서?

아이: 응.

엄마: 당황스러웠지?

아이: 당황스러운 게 뭔데?

엄마: 생각 못 했던 일이 일어났을 때 쓰는 말이야.

아이: 응, 당황스러웠어. 살살 썼는데 부러질 거라고 생각 못 했어. 그리고 나 아까 좀 걱정도 했어.

엄마: 무슨 걱정?

아이: 그거 얼마 전에 내가 사 달라고 막 졸라서 산 건데 부러뜨려서 혼날까 봐.

엄마: 하하하. 그래? 손잡이 부러지자마자 가슴이 철렁했지? 놀라서 막 가슴이 두근두근 했지?

아이: 응응. 우산 부러져서 가슴이 철렁했어.

엄마: 그래, 앞으로는 물건들을 좀 살살 다뤄.

아이: 응, 그래야겠어. 그럴 거야.

아이가 일상에서 겪은 경험에서 어떤 생각을 하고 감정을 느꼈는지 부모와 함께 이야기해 보는 것은 아이의 표현력을 키우는 시간이 됩니다. 아이가 장난을 치다가 새로 산 우산을 부러뜨렸을 때 "아이고, 내가 그럴 줄 알았다. 조심해야지"라고 말하며 넘어가는 경우가 많습니다. 그런데 이렇게 지나가 버리면 그 상황에서 느꼈던 아이의 생각이나 감정이 그저 부정적인 하나의 감정 덩어리로만 남겨진 채 끝나 버립니다. 부정적인 생각이든, 긍정적인 생각이든 기억이 될 만한 사건이 벌어지면 아이와 생각을 끌어낼 수 있는 대화를 아이와 함께 가볍게 해 보는 것이 좋습니다.

아이는 별것 아닌 저 사건에서 자신의 행동에 대해 후회를 했고 아이의 머릿속에는 다시는 우산을 쓸 수 없다는 안타까움, 갑자기 벌어진 일에 대한 놀람, 또 엄마에게 혼날까 봐 겁이 났던 순간 등 다양한 생각과 감정이 오갔습니다. 저는 아이가 이런 생각과 감정을 끌어내 스스로 말할 수 있도록 도와주었습니다. 아이가 지난 일을 상기할 수 있게 질문을 하고 아이의 말에 맞장구를 치고 또 아이가 느꼈던 감정을 더 구체적으로 표현할 수 있는 단어를 제시해 주면서 말입니다.

부모는 아이의 생각을 끌어내고 그 생각을 말로 풀어낼 수 있게 도움을 주어야 합니다. 생각을 말하는 연습의 효과는 단순히 자신의 경험을 말하고 감정을 표현할 수 있는 데에 그치지 않습니다. 이러한 말하기 연습은 아이가 책을 읽고 난 후 생각을 자유자재로 표현할 수 있고, 더 나아가 특정 주제나 사회적인 문제에 대해 자기 의견을 주장할 수 있는 능력의 기반이 됩니다.

5장
집에서 하는 아이의 말하기 연습

아이들은 '말'을 좋아합니다. 누군가의 이야기를 듣는 것도 좋아하고 말이 되든 안 되든 자기의 이야기를 종알거리는 것도 좋아합니다. 대화의 상대자가 부모라면 아이들은 더 즐거워합니다. 가장 사랑하는 사람과 주고받는 이야기는 무엇보다도 행복한 일이니까요.

그런데 간혹 이런 말을 듣습니다.

"우리 아이는 대답을 잘 안 해요. 말이 너무 없어요."
"말하는 걸 싫어해요."

말이 많은 아이가 있고 적은 아이가 있습니다. 아이의 타고난 성향이나 성격 또 아이가 마주하는 상황에 따라 말의 많고 적음에 차이가 나타납니다. 그런데 대답을 안 한다거나 말하는 것 자체를 싫어한다면 아이가 이제껏 말하는 상황에서 즐거움을 느끼지 못했을 확률이 높습니다.

우리가 아이에게 말을 걸었던 장면을 한 번 떠올려볼까요? 오늘 하루 아이와 무슨 이야기를 나누셨습니까?

"오늘 뭐 했어?"
"친구들이랑 사이좋게 지냈어?"
"점심때 밥 잘 먹었어?"
"오늘 학교에서 뭐 배웠어?"
"오늘 누구랑 놀았어?"
"숙제했어?"

대략 떠오르는 질문들은 위와 같습니다. 좋게 말하면 아이들의 하루 일과에 대한 관심이고 나쁘게 말하면 '잘했냐, 못했냐'를 캐묻는 느낌입니다. 행여 잘못 말하면 혼날 만한 거리도 눈에 보입니다. 오늘 친구와 별것 아닌 일로 티격태격한 이야기를 했다간 사이좋게 지내야 한다는 잔소리를 들을 게 뻔하고요, 수업이 끝나고 보니 오늘 뭘 배웠는지 기억이 잘 안 나는데 지금 당장 오늘 수업 때 배운 걸 떠올려 이야기해야 하는 상황도 유쾌하지만은 않습니다. 부모의 이런 질문에 성실하게 대답했는데 핀잔을 들었던 경험이 있었다면 아이들은 더더욱 말하기가 싫어집니다. 어쩌면 아이들은 말하기 자체를 싫어하는 것이 아니라, 이런 뻔한 일과에 대한 이야기, 잘했고 못했고를 평가받아야 하는 것에 대한 상황을 피하고 싶은 건지도 모르겠습니다.

아이들이 말하고 대답하는 것에 대해서 거부감을 느끼지 않고, 말하는 것이 재미있다는 것을 알려주는 것이 무엇보다도 중요합니다. 이와 더불어 말 연습을 할 수 있는 시간을 가진다면 더할 나위 없이 아이의 말 성장에 도움이 될 겁니다. 이제부터는 일상생활에 대해 점검하는 내용의 대화를 벗어나서 아이와 말로 한번 놀아 보도록 하죠.

흔히들 말놀이라고 하면 끝말잇기와 같은 단어 게임을 떠올립니다. 다만 애석하게도 끝말잇기와 같은 단순 단어의 나열은 아이의 말 성장에 큰 도움이 되지 않습니다. 끝말잇기가 어휘력을 높여주느냐? 그렇지도 않습니다. 자기 차례에 첫 글자에만 신경 써서 아무 단어나 말하면 되니 상대방이 말한 단어가 자기가 모르는 단어라고 할지라도 알려고 들지 않습니다. 상대방이 말한 단어의 마지막 글자만 받아 오면 되는 것이니까요. 그리고 해 보셔서 아시겠지만 늘 나오는 단어가 되풀이됩니다. '리본-본드-드라이기' 이 패턴이 다들 익숙하실 거라고 생각합니다. 그러니 딱히 생각할 필요도 없고 반자동으로 나오는 단어들의 나열 그 이상도 이하도 아닙니다. 물론 게임을 하거나 영상을 보며 시간을 때우는 것보다야 낫겠지만 기왕 말놀이를 한다고 하면 제대로 된 말놀이를 하는 것이 좋지 않을까요?

말놀이에는 내용이 있어야 합니다. 그래야 아이들이 생각을 하게 되고요, 아이들의 말이 늘고요, 아이들이 말에서 즐거움을 느끼게 됩니다. 아이가 말을 즐겁게 받아들이게 되면 아이들은 말에서 맥락을 만들려고 노력하며, 적절한 어휘를 찾고 말을 점차 세련되게 가다듬습니다. 그렇다면 말놀이는 어떻게 하면 되는 걸까요? 말놀이를 <단어 말놀이>와 <말꼬리 잡기 말놀이>, <이야기 만들기 놀이>, <이야기 다시 말해 보기>로 나누어서 살펴보도록 하겠습니다.

⚬⚬⚬ 단어 말놀이

단어 말놀이는 말 그대로 단어를 말로 설명하는 놀이입니다. 저는 아이와 함께 있을 때 뜬금없이 단어의 의미를 물어볼 때가 있습니다. 제가 아이와 하는 모든 말 연습, 말놀이가 그러했듯이 시간을 정해 놓고 하지 않습니다. 길을 걸어가다가, 아이와 식사를 하는 중에 그게 언제가 되었든 제 머릿속에 떠오른 단어든 아니면 제 눈앞에 보이는 물건의 단어든 어느 것이든 하나를 정해 아이에게 단어의 의미를 물어봅니다. "이 단어는 무슨 말이게?"로 시작해서 게임처럼 아이에게 단어의 뜻을 물어보는데요, 이때 아이가 말로 설명하기 어려우면 몸으로 그 뜻을 표현하면 됩니다. 아이가 몸으로 표현하면 그걸 부모가 말로 옮겨 주세요.

저는 아이가 5살이 되던 때부터 단어의 의미를 물어봤는데요, 아이는 몸으로든 말로든 다양한 방법으로 적극적으로 설명했습니다.

엄마: '컴퓨터'가 뭐게?

아이: 타다닥타다닥, 엄마가 일하는 거.

엄마: 와, 맞았어. 그럼, '그림'이 뭐게?

아이: 쓱싹쓱싹 이렇게 종이에다가 그려요.

엄마: 넘어지는 게 뭐게?

아이: 아이쿠, 쿵!

엄마: 아, 이렇게 뛰어가다가 돌에 걸려서 무릎을 꽈당하는 거?

아이: 응, 그런 거.

제가 물어본 단어는 '컴퓨터', '그림', '넘어지다'와 같은 단어였는데요, 이 단어는 이미 아이가 알고 있는 단어였습니다. 아이가 알고 있는 단어였지만 저는 아이에게 그 단어의 뜻을 일부러 물어봤습니다. 이 놀이의 목적은 새로운 단어를 아는 것에도 있지만 자기가 아는 단어를 말로 설명하는 데 더 큰 목적이 있기 때문입니다. 단어의 뜻을 설명하면서 아이의 말이 늡니다. 아이가 말로 설명하는 기술이 늘어 가는 것이죠. 아이가 아는 단어, 모두가 다 아는 단어도 한번 설명하게 해 보세요. 아이는 단어 설명을 위해 그 단어를 사용하는 상황을 설명하기도 하고 단어에 대한 직접적인 뜻을 설명하기도 합니다.

아이는 제가 물어본 단어에 대한 뜻을 '타다닥타다닥 엄마가 일하는 거'와 같이 그 단어가 사용되는 상황을 말하면서 단어를 설명하기도 했고요, '쓱싹쓱싹 이렇게 종이에다가 그려요'라고 하면서 단어의 뜻을 직접적으로 설명하기도 했습니다. 또한 자신이 말로 설명하기 어려운 '넘어지다'와 같은 단어는 몸으로 뜻을 표현했는데 이런 경우에는 부모가 그것을 말로 한번 옮겨 주면 됩니다.

아이가 6~7세가 되었을 때도 단어 말놀이는 계속되었습니다.

엄마: '배가 부르다'가 뭘까요?

아이: 배가 답답한 거.

엄마: 배가 답답한 건 어떤 느낌인데?

아이: 배가 그물에 갇힌 것 같은 느낌?

엄마: 물고기가 그물에 갇힌 것처럼?

아이: 응, 물고기가 그물에 갇히면 얼마나 답답하겠어. 그 느낌처럼 답답한 게 배가 부른 거야.

엄마: 와, 이 표현 정말 멋있어. 이제 앞으로 우리 '배가 부르다'를 '그물에 배가 갇혔다'로 바꿔서 말해 볼까?

아이: 좋아, 좋아.

엄마: 자, 그럼 이번에는 '달'이야. '달'이 뭐게?

아이: 하늘에 있는 토끼들이 사는 노란 집!

이번에도 저는 아이가 아는 단어를 중심으로 물어봤습니다. '배가 부르다'와 '달'의 의미를 물어봤죠. 이 단어를 물어본 특별한 이유는 없었습니다. 그 당시에 제 눈앞에 이 단어들이 보였거나 갑자기 생각이 났거나 둘 중 하나였을 겁니다. 아무 단어를 그저 물어봤을 뿐인데 아이의 대답은 참으로 반짝입니다. 배가 부르다는 느낌을 '그물에 고기가 갇히면 고기가 답답함을 느끼는 것처럼 자신의 배도 그물에 갇힌 것처럼 답답하다'라고 표현했고 '달'도 토끼가 사는 노란 집이라는 재미있는 표현을 사용했습니다.

5살 때와 비교해 보면 6살 때 아이가 한 단어 설명이 훨씬 더 생동감이 넘칩니다. 그 단어를 설명하기 위해서 자기가 아는 지식과 느낌을 총동원한 겁니다. '답답하다'라는 느낌을 설명하기 위해서 그물에 갇힌 물고기를 비유했고 달에는 토끼들이 절구통을 찧고 있다고 하니 달을 토끼들이 사는 노란색 집으로 표현한 것이죠. 그 어떤 사전적인 정의보다 단어의 느낌을 잘 살려 낸 것입니다.

아이가 8살이 되었을 때도 역시 단어 설명을 해 보게 했는데요,

엄마: '다급하다'가 뭐야?
아이: 정말 급한 거. 막 똥을 누고 싶은데 누가 화장실에 들어가 있어서 갈 수가 없을 때 '어어어어' 하는 거. 그리고 지각했을 때 뛰어서 교실에 들어갈 때 이런 마음이 들지. 그리고 '다급하다'는 정말 확실하게 내가 경험한 적이 있어.
엄마: 뭔데?

아이:	내가 돌봄에 들어갔을 때 선생님이 교실에 안 계셨어. 그런데 그때는 학습지를 해야 해서 꺼내고 있었는데 뭔가 다급하다는 생각이 들었어. 친구들도 아무도 없고. 그래서 그때 다급한 느낌이 들었어.
엄마:	아, 그때는 불안한 마음이야. 아무도 없고 해야 할 것은 많고 뭐부터 해야 할지 모르겠는 마음?
아이:	아, 그럴 땐 그냥 불안하다고 하는 거구나.
엄마:	'궁리하다'가 뭐야?
아이:	뭘 생각하면서 '이걸 어떻게 해야 할까?'라고 하는 게 그게 '궁리하다'야. 방법을 찾아보면서 고민하는 거.
엄마:	'관찰하다'가 뭐야?
아이:	벌레를 돋보기로 신기하게 보는 거야.
엄마:	'성장하다'가 뭐야?
아이:	아는데 잘 설명을 못 하겠어.
엄마:	그럼 '성장하다'로 문장을 만들어 봐.
아이:	키가 성장하다?
엄마:	바로 그거지!

아이가 커 갈수록 단어의 수준도 높아지고 단어를 설명하는 아이의 방식도 달라지는 것이 보이셨을 것입니다. 8세가 된 아이는 보다 더 추상적인 단어도 설명을 할 수 있을 뿐만 아니라 설명 자체도 더 구체적이고 명확하게 할 수 있는 수준으로 발전했습니다. 단어의 뜻

을 알긴 아는데 설명하기가 까다롭거나 어렵다고 여겨지는 단어는 문장으로 만들어 보라고 할 수 있습니다.

이번에는 거꾸로 단어 설명을 통한 단어 맞히기 놀이를 해 보겠습니다. 동작으로 설명하기도 하고 단어의 뜻을 말로 설명하기도 합니다.

엄마:　솜사탕을 만질 때 드는 느낌은?

아이:　보들보들하다!

엄마:　정답!

엄마:　그 사람만 가지고 있어요. 다른 사람은 안 가지고 있어요.

아이:　특별하다?

엄마:　정답!

아이:　털이 복슬복슬하고 얼굴이 까만 동물이 무슨 소리를 낼까요?

엄마:　털이 복슬복슬하고 얼굴이 까만 동물이 누군데?

아이:　양.

엄마:　음메 음메!!

아이:　정답!

아이:　학교를 쉬는 것입니다.

엄마:　방학!

아이:　털이 푹신푹신하고 어떤 천 같은 것에 털을 넣어서 캐릭터를 만든 것입니다. 사람 들이 많이 삽니다. 뽑기에서도 많이 나옵니다.

엄마:　　인형!

아이:　　정답!

　　문제로 낼 단어가 머릿속에 떠오르지 않을 때도 있을 겁니다. 그럴 때는 아이가 좋아하는 책이나 자주 읽는 책을 가져와서 아무 페이지나 펼쳐서 나오는 단어를 선택하여 뜻을 설명하면 됩니다.

　　단어를 설명하고 퀴즈를 내는 문제는 아이와 빙고 놀이처럼 할 수도 있습니다. 빙고 판을 그려 놓고 집 안에 있는 물건을 20개쯤 같이 생각해 보고 그중에서 16개를 골라서 쓰고 빙고 놀이를 하는 겁니다. 빙고 놀이를 할 때 냉장고, 의자 이렇게 단어를 그대로 말하는 것이 아니라 '음식을 상하지 않게 보관할 수 있는 곳은?'이라는 정도의 설명을 한 다음에 단어를 맞히고 맞혔다는 표시를 해야 합니다.

　　느끼셨겠지만 이 단어 말놀이는 사실 단어를 설명하기 때문에 단어라고 이름을 붙였을 뿐, 문장 만들기 놀이라고 봐도 무방합니다. 단어의 의미를 문장으로 설명해 냈기 때문입니다.

○○○ 말꼬리 잡기 말놀이

　　말꼬리 잡기 놀이는 앞사람의 이야기를 잘 듣고 그 이야기에 어울리는 다음의 이야기를 이어 나가는 방식의 놀이입니다. 이 놀이의 목적은 맥락을 생각하고 맥락에 맞는 이야기를 만드는 데 있습니다.

이야기가 엉뚱하게 흘러갈 때도 많고 도저히 더 이어 나갈 수 없어 끊어지고 새로운 이야기로 시작해야 할 때도 있습니다. 그러나 이야기를 이어 가 보려고 애쓰는 과정에서 아이는 끝없이 상황을 상상하며 어떻게든 맥락을 갖추려고 하는 노력을 하게 됩니다.

다음은 아이가 7살이던 때 장거리 여행 중 자동차 안에서 하게 된 말꼬리 잡기 놀이의 일부입니다. 누가 먼저 시작할지 정하고 이야기를 시작하는 사람이 아무 문장으로나 이야기를 시작합니다.

아빠:　어느 날 다람쥐는 숲속으로 달려가고 있었어요.

엄마:　다람쥐는 어디로 가고 있는 걸까요?

아이:　그건 바로 숲속 웅덩이였어요.

아빠:　다람쥐는 숲속 웅덩이로 왜 갔을까요?

엄마:　웅덩이로 간 다람쥐는 그 앞에 멈춰 섰습니다.

아이:　웅덩이로 간 다람쥐는 소곤거리는 목소리로 '나야 나, 내가 왔어'
　　　라고 말했어요.

아빠:　그러자 웅덩이 옆에서 토끼 한 마리가 뛰어나왔어요.

아이:　아니 아빠, 토끼가 아니라 두더진데. 나는 두더지를 생각했는데.

아빠:　아, 그래? 그럼 두더지로 이야기 만들어 봐.

아이:　그러자 웅덩이 속에서 물에 흠뻑 젖은 두더지 한 마리가 나오는
　　　게 아니겠어요?

엄마:　물에 젖은 두더지는 온몸을 바들바들 떨고 있었어요.

아이:　다람쥐는 부르르 떨고 있는 두더지를 보자 갑자기 걱정이 되었

어요.

아빠: 어디가 아픈 것 같았어요.

엄마: 바로 그때.

아이: 두더지는 다람쥐를 향해 큰 재채기를 하게 됐어요.

<중략>

대화를 자세히 보시면 이야기의 주도는 아이가 하고 있습니다. 부모가 아이가 이야기를 주도할 수 있도록 이야기의 길만 살짝 터주면 아이는 이야기를 이끌어 가며 만들어 나갑니다. 그 이후로 부모는 아이가 만든 주요한 이야기에 한마디씩 더하기만 하면 됩니다.

'다람쥐'와 '숲속'이라는 이야기의 등장인물과 배경은 부모가 제시했지만 그 이후의 주요한 사건이나 장면은 아이가 이끌어 가고 있습니다. 숲속 웅덩이로 간 다람쥐가 누군가에게 자신이 왔다는 사실을 알려준 장면은 궁금증을 불러일으킵니다. 아마도 아이는 이 문장을 이야기할 때 이미 누군가를 마음속에 정해 놓고 이 문장을 말한 모양입니다. 그래서 다음에 아이 아빠가 '토끼'라는 인물을 등장시키자 아이는 토끼가 아니라 두더지라고 정정해 줍니다. 이미 아이의 머릿속에는 굉장히 짧은 시간에 이야기의 플롯이 짜인 거죠. 그리고 아이는 물에 흠뻑 젖은 채 나온 두더지를 이야기에 등장시킵니다.

위의 예시에서 보시다시피 부모의 역할은 크지 않습니다. 부모가 했던 이야기를 보면 아이가 한 이야기에서 큰 변화를 주지 않고 '바들바들 떨고 있었다', 걱정이 되었다는 아이의 이야기에 '어디가 아픈 것 같았어요'라고 잇거나, '바로 그때' 정도의 추임새만 넣었지요. 부모가 더 많은 개입을 해야 하는 이야기 흐름도 있지만, 이 이야기에서는 아이의 주도하에 이야기를 만들어 갔습니다. 또한 부모가 만든 내용이 자신이 다음으로 준비해 두었던 이야기의 흐름을 방해한다고 생각이 되면 아이는 부모에게 내용을 수정해 달라고 요청하기도 합니다.

저는 이와 같은 <말꼬리 잡기 말놀이>를 아이가 5살이 되던 무렵부터 시작했던 것으로 기억합니다. 5살 아이와의 <말꼬리 잡기 말놀이>는 자연스럽게 이어지지 않았습니다. 아이가 종종 앞의 이야기와는 관계없는 엉뚱한 이야기를 만들어 붙였기 때문입니다. 그럴 때는 부모가 다시 이야기로 돌아올 수 있게 좀 신경을 써서 다음 이야기를 만들어 주면 됩니다. 그러나 이런 놀이를 계속하면 할수록 이야기는 점점 더 매끄러워지고 아이는 더욱더 적극적으로 자신만의 이야기를 만들어 갑니다. 그래서 부모의 역할은 '그러던 어느 날', '그때 갑자기', '그 순간에'와 같은 추임새만 적절히 넣어 주면 되는 상황에 이르게 되거나 급기야 아이 혼자 이야기를 줄줄 이어 나가기도 합니다.

<말꼬리 잡기 말놀이>는 아이에게 맥락을 구상하게 함으로써 논리를 쌓아가고 또 그에 맞는 이야기를 말로 표현하는 연습을 하게 합니다. 좁은 차 안에서 벌어진 말꼬리 잡기 놀이는 아이를 숲속으로

데려가 다람쥐와 두더지를 만나게도 하고 이 동물들과 모험을 떠나게도 했습니다. 상상을 말로 표출해 내는 이 시간은 그 어떤 학습보다 아이의 말을, 생각을 폭발적으로 늘여 주는 시간이 됩니다.

○○○ 이야기 만들기 놀이

어느 날 집 방바닥에 민달팽이 한 마리가 기어가고 있는 것을 아이가 발견했습니다. 이 민달팽이가 대체 어디에서 어떻게 들어왔는지 아무도 알 수 없었지만 어쨌든 아이에게는 대단한 사건이었습니다. 식사하는 내내 아이는 민달팽이의 출처와 어떻게 해서 이 높은 곳까지 올라올 수 있었는지에 대해 궁금해하며 흥분을 감추지 못하고 이야기를 계속 이어 갔습니다. 아이가 이렇게 크고 작은 사건들을 마주하고 그것에 큰 관심을 보이는 순간들을 잘 포착해서 이야기 만들기 놀이를 시작하는 것이 중요합니다. 자기의 관심을 출력하고 싶은, 표현하고자 하는 아이의 욕구가 최고조에 이르렀을 때이니까요.

민달팽이라는 주제가 생겼으니 이번에는 좀 제대로 형식을 갖춰 이야기를 만들어 보자, 싶었습니다. 즉흥적인 <말꼬리 잡기 말놀이>와 달리 <이야기 만들기 놀이>에서는 등장인물과 큰 사건들을 미리 구상해서 이야기를 만들어 봅니다. "우리가 민달팽이를 주인공으로 해서 이야기를 만들어 볼까?" 하고 제가 말을 꺼내자 아이는 단번에 "응!"이라고 대답합니다. 저와 아이는 먼저 등장인물을 정했습니다. 그리고 민달팽이가 어떻게 집으로 들어오게 됐는지, 집으로 들어온 다음의 이야기는 어떻게 전개될지 대체적인 줄거리를 엉성하게나마 준비해 봤습니다.

엄마:	자, 우리 등장인물부터 정해 보자. 일단 주인공은 민달팽이겠지?
아이:	응, 주인공은 민달팽이. 그 다음에 누굴 등장시키지?
엄마:	다른 등장인물이 잘 생각나지 않으면 일단 큰 줄거리를 먼저 생각해 보자.
아이:	좋아. 나 전에 놀이터 근처에 민달팽이들이 많이 있는 걸 본 적이 있는데 민달팽이들이 놀이터에서 왔다고 하자.
엄마:	오, 좋아. 그런데 놀이터에서 어떻게 집까지 올 수 있었을까? 민달팽이는 걸음도 느리고 놀이터에서 우리 집까지는 꽤 먼데.
아이:	그럼 민달팽이를 놀이터에서 놀던 아이가 데리고 왔다?
엄마:	아, 그럼 집에 쉽게 올 수 있었겠네!
아이:	그런데 우리는 집에서 민달팽이를 우연히 보고 깜짝 놀랐으니까 민달팽이가 몰래 따라서 들어왔다? 이렇게 할까?
엄마:	그거 괜찮네. 근데 민달팽이가 왜 몰래 따라 들어왔을까?
아이:	아, 이거 어때? 그 아이랑 그 아이 집에서 놀고 싶어서!
엄마:	이거 훌륭하다. 자, 그럼 우리 생각을 좀 정리해 보자.

자, 이렇게 아이와 저는 이야기의 대략적인 전개를 이렇게 주거니 받거니 하며 이야기해 보았습니다. 아이와 제가 이야기를 만들기 전

에 만든 이야기의 대략적인 얼개는 다음과 같습니다.

🗂 등장인물

: 민달팽이, 여자 아이, 엄마

🗂 등장인물의 성격

＊민달팽이: 쉽게 심심해하고 모험을 즐긴다. 친구를 사귀고 싶어 한다.

＊여자 아이: 조용하고 부끄러움이 많다. 혼자 놀 때가 많다.

＊엄마: 동물이나 벌레를 싫어한다.

🗂 줄거리

: 혼자 놀고 있던 여자 아이와 친구가 되고 싶었던 민달팽이가 여자 아이를 따라 아이의 집으로 갔다가 펼쳐지는 모험을 그린 이야기.

대략적인 구성을 짠 다음에 아이와 말로 이야기를 만들어 갔습니다. 한 문장씩 이야기를 이어 가기도 하고 다음에 이어질 이야기의 아이디어를 많이 가진 사람이 할 수 있는 만큼 이야기를 계속 만들어 가기도 했습니다. 자유롭게 이야기를 만들어 간다는 점에서는 <말꼬리 잡기 말놀이>와 유사해 보이지만 이 이야기는 등장인물이나 전체적인 플롯을 어느 정도 정해 놓고 시작한 것이라서 큰 틀을 벗어나지 않는 범위 내에서 이야기를 만들어야 한다는 차이가 있습니다. 물론 이야기를 만들다가 처음에 세운 얼개를 수정해야 할 때도 종종 등장하지만요.

다음은 아이와 함께 만든 <민달팽이 사건> 이야기의 일부입니다.

💻 민달팽이 사건

사람들과 친해지고 싶은 민달팽이는 어느 날 놀이터에서 친구를 하고 싶은 아이를 발견했습니다. 그 아이는 한쪽 구석에서 혼자 놀고 있는 아이였어요. 조용하고 수줍음이 많아 보이는 아이가 민달팽이는 마음에 들었습니다. 그래서 그 아이의 치맛자락에 매달려 그 아이의 집으로 함께 가기로 마음을 먹었습니다. 어렵게 아이의 치마를 두 손으로 꼭 잡고 매달려 그 아이의 집으로 함께 갔습니다. 그 아이의 집은 따뜻하고 포근했습니다. 집으로 들어온 민달팽이는 살포시 바닥에 내려왔습니다. 이제는 아이를 마주 보고 인사를 할 참이었습니다. 민달팽이는 마음에 설렜습니다. '나를 보고 뭐라고 할까?', '귀엽다고 하면서 신기해할까?', '아, 이 집은 정말 마음에 든다' 하고 말이죠. 이런저런 생각에 잠겨 있던 민달팽이는 갑자기 "꺅"하는 소리와 함께 정신을 차렸어요. 엄청나게 키가 큰 아이의 엄마가 민달팽이를 내려다보며 소리를 지르고 있었습니다. 아이의 엄마는 "이게 뭐야? 민달팽이 아니야? 이게 왜 우리 집에 들어왔지?"하면서 호들갑을 떨었습니다. 엄마의 고함소리를 듣고 아이는 달려나왔습니다. 아이는 민달팽이를 신기하다는 듯 계속 내려다보았습니다. 그리고는 민달팽이를 만져 보려고 손을 뻗는 순간 아이의 엄마가 아이의 손등을 찰싹 때리며 "지저분해. 엄마가 치울 테니까 저리 가"라고 이야기하셨죠. 민달팽이는 이 상황이 어리둥절했습니다. '지저분해? 내가?'라고 말이죠. 그런 생각이 채 끝나기도 전에 아이의 엄마는 민달팽이를 휴지에 싸서 창밖으로 휙 던져 버렸습니다. 민달팽이는 바람을 타고 몸을 이리저리 휘청거리며 나무 위로 털썩 떨어지고 말았습니다.

그날 저녁 아이는 자꾸 민달팽이 생각이 났습니다.

<중략>

아이는 부모와 함께 이야기를 만드는 순간 그 어떤 놀이를 할 때보다 즐거워합니다. 아이와 머리를 맞대고 이야기를 설계하고 구상한 이야기를 해 보고 같이 수정해 나가는 과정은 아이의 상상력에 기대어 아이의 말하기 능력을 높이는 최상의 방법이 됩니다.

∘∘∘ 이야기 다시 말해 보기

이 활동은 사실 놀이가 아닙니다. 하고 싶은 말을 마음대로, 나오는 대로 하는 것이 아니라 읽거나 들은 내용을 말로 요약을 하는 것이니 학습적인 면모를 다분히 보이는 활동이죠. 외국어를 배우는 현장에서도 듣거나 읽은 내용과 관련된 질문에 답을 하거나 전체 내용을 요약하는 활동은 언어 기술을 통합적으로 사용해 볼 수 있는 굉장히 의미 있는 활동으로 여겨집니다. 뿐만 아니라 듣거나 읽은 내용을 다시 말하는 활동은 앞서 소개되었던 아이들의 서술 능력을 테스트

해 보는 각종 실험에서 대표적인 실험 방법으로 채택되고 있습니다. 가끔이라도 아이들에게 다시 이야기해 보기 활동을 시켜 보는 것은 아이들의 서술 능력 성장에 큰 도움이 됩니다.

그런데 이런 활동은 읽은 이야기나 들은 이야기를 기억해서 다시 말해야 하기 때문에 제대로 책의 내용을 이해하지 못했거나 내용을 순서대로 기억하지 못했다면 이 활동은 분명 아이에게 큰 부담이 될 수밖에 없습니다. 아이에게 도움이 된다고 해서 어느 날 갑자기 아이에게 책을 읽히고 그 내용을 다시 말해 보라고 하면 처음부터 잘할 수 있는 아이는 없을 겁니다. 아이가 긴 이야기책을 읽었다면 더더욱 하기 어려워할 것이고요. 다시 이야기해 보기 활동을 처음 시작한다면 아주 간단한 이야기에서 시작해야 합니다. <토끼와 거북이>와 같은 이야기라거나 <개미와 베짱이>와 같이 몇 문장만으로도 대략적인 내용을 다 전달할 수 있는 간단한 구성의 이야기가 좋습니다. 반드시 읽은 이야기로만 다시 말해 봐야 하는 것도 아닙니다. 저는 아이에게 만화를 보여주고 나서도 무슨 내용의 만화였는지 그 이야기를 쭉 말해달라고 하기도 합니다. 1시간짜리 만화 영화라면 힘들겠지만 7분, 13분 정도의 짧은 만화를 보고 그 내용을 전달하는 것은 책을 읽고 정리해서 이야기하는 것보다 아이들이 느끼는 부담이 적습니다. 또는 부모가 아이에게 책을 읽어주고 나서 아이가 그 이야기를 듣기만 하고 다시 말해 보는 방법도 있습니다.

읽은 내용을 다시 말해 보는 활동의 중요성에 대해 언급한 책이나 학습지들이 많이 있습니다. 그런데 의아한 것은 <다시 말해 보는

활동>이라는 제목은 붙여 놓고선 실상은 다시 말해 보기를 시켜 보지 않는다는 겁니다. 읽은 내용을 다시 말하려면 어떻게 해야 하는지 그 방법만 추상적으로 써 놓았거나 다 만들어진 요약문에 몇몇 주요 키워드만 빈칸으로 채워 넣게 되어 있는 방식입니다. 아이들은 읽은 내용을 다 기억하지 못해도, 설령 다 이해하지 못해도 이 정도의 문제는 척척 풀 수 있습니다. '중요한 내용을 잘 간추려서 이야기해야 한다'라는 설명은 그럴싸해 보입니다만 글쎄요, 이런 방법의 설명이 얼마나 도움이 될까요?

어려울 것이 없습니다. 한 문장이라도 아이가 들은 내용을, 읽은 내용을 말하게 시켜 보는 겁니다. 아이가 끝까지 내용을 다 기억해서 말하지 못했다고 하더라도 말한 부분까지를 잘 들어주면서 추임새를 해 주고, 부모가 "아, 그 다음은 이렇게 된 거 아닌가?" 하고 아이에게 슬쩍 도움을 주기도 하면서 아이와 함께 이야기를 완성해 나가면 되는 것입니다.

저는 적어도 일주일에 1~2번은 아이에게 다시 말해 보기를 시킵니다. 아이가 5~6살 때는 제가 동화책을 읽어주고 난 뒤 그 이야기를 다시 물어봤습니다. 물어볼 때는 항상 "그 얘기 말해 봐"와 같이 제대로 읽었는지 아닌지를 확인하고자 하는 질문이 아닌 "아까 읽었던 그 이야기 말이야. 그게 뭐였더라?"라는 식으로 물어보는 게 좋습니다.

아이가 7, 8세가 되었을 때는 좋아하는 책, 여러 번 읽은 책을 중심으로 "그건 무슨 내용이야? 엄마는 제대로 안 읽어 봐서 모르겠는데, 정말 재미있어 보인다"라고 하면서 아이에게 은근슬쩍 내용을 요구했었죠. 만화를 보고 나서도 어떤 내용이었는지 이야기를 해 달라고 한 적도 많았습니다.

기억해서 다시 말하기 활동은 무엇보다도 아이들의 서술 능력을 효과적으로 늘려 주는 방법입니다. 이야기를 구성하는 요소를 빼놓지 않고 말해야 하기 때문이죠. 아이가 부담을 느끼지 않게, 점차 수준을 높여 가며 틈틈이 이 활동을 시켜 준다면 아이들의 서술 능력 향상에 큰 도움이 될 것입니다.

6장
말놀이에서 시작되는 아이들의 글쓰기

외국어 교육 분야에서는 크게 듣기와 읽기는 입력(input), 말하기와 쓰기는 출력(output)으로 그 영역을 나눕니다. 이 모든 영역은 서로 밀접한 연관을 맺고 있습니다. 듣기가 잘 안되면 의사소통의 기본 통로가 막혀 버리는 것이니 말하기가 어려워지고 말하기 능력이 떨어지면 글쓰기도 능숙하게 하기 어렵습니다. 말하기 능력이 좋은 학생, 즉 맥락을 갖춘 논리적인 내용을 문법적 오류 없이 말할 수 있는 학생들이 대부분 쓰기 능력도 높다는 것은 부인하기 어려운 사실입니다.

이는 모국어에서도 예외가 없습니다. 말을 잘해야 글도 잘 쓸 수 있습니다. 다시 한번 강조하자면 말을 잘한다는 것은 말을 무작정 많이 하는 것이 아닙니다. 말이 적은 사람이 말을 못하는 것이 아닙니다. 말을 잘한다는 것은 대화 상황에 맞는, 주세에 맞는 이야기를 상대방이 잘 이해할 수 있게 적절한 표현을 사용해서 잘 설명할 수 있는 능력을 말합니다. 그렇기에 말을 잘하면 대부분 글도 잘 씁니다.

아이들의 글쓰기도 말에서 시작됩니다. 앞서 문장은 생각의 시작이며 문장을 만들기 위해서는 생각을 해야 한다고 말씀드렸는데요, 이처럼 글을 쓰기 이전에 자기의 생각 말하기 연습을 충분히 한 아이들은 글을 쓰는 것에도 거침이 없습니다. 머릿속에서 말할 내용의 정리가 끝났다면 그것을 말로 하든 글로 쓰든 표현의 창구만 다를 뿐큰 차이는 없는 겁니다. 아이의 표현 방식이 말에서 글로 확장되는 시기에 '말을 하듯이 글을 쓰면 된다', '너의 말을 글로 옮기기만 하면된다'는 것을 부모가 알려주고 잘 연결할 수 있도록 도움을 주면 됩니다.

○○○ 말이 글이 되는 순간

아이의 말은 글이 됩니다. 아이와 말로 놀 때 문장을 만들었던 내용이 기억나시지요? 아이와 툭툭 만들어 낸 그 문장을 아이에게 써보게 하면 그것이 바로 글로 쓴 문장이 되는 거고요, 아이와 말꼬리잡기 말놀이를 하며 만들었던 이야기를 글로 쓰면 그것이 하나의 짧은 동화가 되는 겁니다.

아이들의 글쓰기는 거창한 것이 아닙니다. '내가 말한 것을 글로 쓰면 글이 되는 것이다'를 알아채 가는 과정이 글쓰기의 시작이며, 그 과정을 통해 쓰기에 익숙해지는 겁니다. '자, 이제 글을 써 보자', '일기를 써 보자'라고 하며 자리에 앉혀 글을 쓰게 한다면 한 문장, 아니 단어 하나 쓰는 것조차 고통스럽고 어렵기만 할 것입니다.

아이의 말을 글로 쓰는 작업은 아이가 글을 쓰지 못할 때, 아이가 한글을 모를 때부터 시작되는 것이 좋습니다. 아이가 한글을 모르는데 어떻게 글을 쓰냐고요? 부모가 대신 써 주는 것입니다. 아이의 말을 부모가 대필해 주는 것이지요. '너의 말이 이렇게 글이 되고 하나의 동화가 되고 하나의 시가 된단다'를 알려주는 것입니다.

저는 아이가 6세가 되던 때부터 '대필' 활동을 시작했습니다. 어느 집 아이 할 것 없이 6세가 되면 아이들은 각자의 취향에 따라 그림을 그리거나 종이접기나 장난감 조립, 블록으로 만들기에 심취합니다. 제 아이는 이 중 그림 그리기에 심취했었는데요, 아이가 그림을 그리면 무슨 이야기를 생각하며 이 그림을 그렸는지 물어보곤 했습니다. "이 그림이 무슨 이야기야?"라고요. 그러면 아이는 그림에 등장하는 여자가 어떤 공주인지, 이 공주는 지금 무엇을 하고 있는지에 대해서 이야기해 주었습니다. 그때 저는 아이가 하는 말을 그 옆 페이지에 받아썼죠. 제가 대신 써 주기만 했을 뿐이니 그 이야기는 오롯이 아이가 만든 이야기이자, 아이의 글이었습니다. 이렇게 한 장 두 장 써 내려간 이야기는 잘 모아 두었다가 심심할 때마다 펼쳐 보며 아이의 작품을 함께 감상했습니다. 아이는 이 과정에서 자신의 말이 그대로 글로 쓰여진 것을 보고 글을 쓴다는 게 별다른 게 아니라는 걸 알아 갑니다.

마녀의 꽃 때문에 엄마와 세연이가 하트로 변했어요. 그래서 무지개가 마법을 풀어주려고 했지만 엄마 하트는 점점 커지고 세연이 하트는 점점 더 작아져버렸어요.

제 아이가 글쓰기에 어느 정도 익숙해진 것은 7세가 거의 다 끝나갈 무렵이었습니다. 그맘때쯤 한글을 다 익힌 아이들은 서로 편지를 주고받기 시작하는데요, 제 아이도 글쓰기의 시작은 편지 쓰기였습니다. 편지에 친구에게 사랑한다고 고백하고 같이 놀자고 제안하고 고

마움의 마음도 표현합니다. 그저 사랑하고 고맙고 '같이 놀자'와 같은 간단한 의사 표현 정도의 말들로만 채워진 편지였습니다.
이런 간단한 편지 쓰기를 시작으로 어느 날 아이는 자기의 생각을 종이에 끄적거리기 시작했습니다. 생각이라고 하면 거창하게 들리지만 정말 별것 아닌 메모 수준의 글들이었습니다. 아이는 7살이 되었을 때도 여전히 그림을 그리기를 좋아했는데 공주를 공들여 그리고 공주의 이름을 아래에 쓴다거나 뭐 이런 식이었습니다.

처음에는 이름 정도의 정보만 쓰더니 조금 지나자 그림에 해당되는 문장을 쓰기 시작했습니다. 저와 했던 문장이나 이야기 만들기 놀이에서 기억나는 문장들을 한두 개씩 끄적이기 시작한 거죠.

내가 이겼는데 친구가 "내가 먼저 할거야"라고 말했어요. "그럼 너 먼저 해" 비눗방울이 떠지면서 하트가 뽀로롱 마술처럼 신기하게 안에 하트가 생겼어요.

그리고 얼마 지나지 않아 아이는 그림을 그리고 이야기를 썼습니다. 마치 저에게 그림을 보고 이야기를 해주듯 그 이야기를 글로 옮기기 시작했습니다.

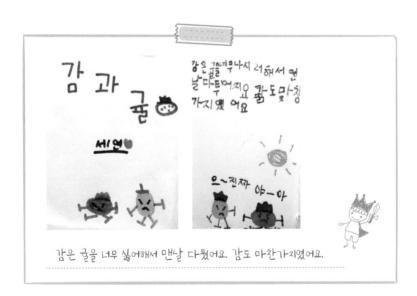

감 과 귤

감은 귤로 구워나서 러해서 면 날 마투어지요 귤도 마찬 가지 했어요

세연

으~진짜 야~아

감은 귤을 너무 싫어해서 맨날 다퉜어요. 감도 마찬가지였어요.

어느날 감은 귤 집을 가서
화를 완전 냈어요

집은 부서졌어요
둘은 화해를 하고
집으로 갔습니다

어느 날 감은 귤 집에 가서 화를
완전 냈어요.

집은 부서졌어요. 둘은 화해를 하
고 집으로 갔습니다.

화해는 이러캐
선물은 이러캐

화해는 이렇게, 선물은 이렇게

<감과 귤의 이야기>

◦◦◦ 말에서 글로 자라나는 아이들의 생각

아이의 글이 양적 질적으로 폭발적인 성장을 이룬 것은 8세가 되어서부터였습니다. 아이는 저와의 단어 놀이를 친구와의 놀이에도 적용했습니다. 친구들과 놀이터 주변에 있는 나무들을 관찰하고 그 나무들을 표현할 수 있는 단어들을 공책에 써 내려가기도 하고 좋아하는 책에서 외운 구절을 여기저기에 써 보기도 했습니다. 아이는 <봐도 돼?>라는 동화책을 외울 정도로 여러 번 읽었는데 그 책에서 자기가 제일 마음에 드는 구절이 '여우의 가슴속에서 한껏 부풀었던 풍선이 풀썩 쪼그라들었어요'였나 봅니다. 아이는 일기에도, 자기가 만든 동화의 여기저기에 '한껏 부풀었던 풍선이 풀썩 쪼그라들었어요'라는 구절을 몇 번이나 반복해서 따라 쓰기도 했습니다.

8살이 된 아이의 글쓰기는 특별히 장르를 가리지 않았습니다. 특별한 경험을 하게 된 날은 집으로 돌아와서 하고 싶었던 말을 일기장에 쏟아붓고, 저와 말로 만들며 놀았던 이야기 만들기 놀이를 종종 혼자 그림을 그리고 등장인물을 만들고 주요 사건을 정해 동화를 짓기도 했습니다.

<갈매기 학교에서 벌어진 이상한 일>

어느 날은 저와 눈이 마주쳐서 서로 마주보고 웃게 되었습니다. 그런데 조금 후에 아이가 이렇게 제게 말했습니다.

아이:　엄마, 표정은 말인 것 같아.

엄마:　응?

아이:　아니 이렇게 웃으면서 말하면 천사 목소리가 나오고 이렇게 찡그리면 화난 목소리가 나는 것 같아.

엄마:　어! 진짜 그런 것 같네. 와! 이건 정말 큰 발견이다.

아이:　그렇지? 이것 봐. 아저씨 목소리를 내고 싶으면 아저씨 표정을 지으면 아저씨 목소리가 나와. 아아아, 이렇게!

엄마:　그러네. 자, 그럼 천사 목소리를 내 봐.

아이:　이것 봐. 천사 표정이지? 그러니까 천사 목소리가 나지? 아저씨 표정을 지으면서 천사 목소리를 낼 수는 없어.

엄마:　아, 이거 정말 좋은 내용인데 이걸 네가 써 주면 오래오래 우리가 기억할 수 있을 것 같아.

아이: 한번 써 볼까?

　갑작스럽게 아이의 머릿속에 떠오른 생각에 대해 가볍게 이야기하게 될 때가 많습니다. 그럴 때 여유가 된다면 아이와 나눴던 이야기를 글로 남겨 보는 겁니다. 말을 할 때처럼 매끄럽지 않아도 괜찮습니다. 엉성해도, 부족해도, 좀 말이 안 돼도 괜찮습니다. 하나의 창작물로 자기가 쓴 글을 보는 것은 아이들에게 상당한 만족감과 자신감을 줍니다. 이렇게 우연히 아이가 내뱉은 말과 그 말을 설명한 내용이 다음과 같은 하나의 완결된 글이 되었습니다.

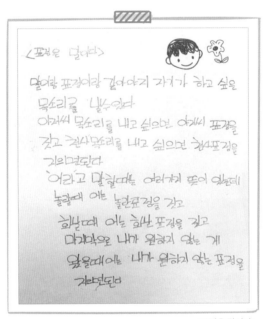

<표정은 말이다>

아이에게 글이 이렇게 쉬운 것은 말과 글이 경계 없이 서로 드나들기 때문일 것입니다. 글을 쓰는 것보다 먼저 시작된 '말'이라는 도구로 아이는 이미 생각의 과정을 담는 연습을 충분히 했던 것입니다. 그래서 아이에게 말로 하든 글로 하든 그것은 방법의 차이일 뿐 생각을 표현한다는 데에는 똑같은 과정입니다.

글은 이런 것입니다. 생각을 주저 없이 쓰는 것입니다. 글을 쓰기 힘든 것은 생각이 없기 때문입니다. 글을 써 보지 않아서 못 쓰는 것이 아니라, 생각을 해 보지 않아서 쓰지 못하는 것이죠. 생각을 주저 없이 쓰려면 생각을 많이 해 봐야 하고 글보다 먼저 시작되는 말로 그 생각을 표현하는 연습을 수없이 해야 합니다. 말로 생각을 표현하는 연습을 충분히 하면 생각을 쓰는 건 그리 어려운 일이 아닙니다. 생각을 있는 그대로 글로 써 보고 망설임 없이 써 내려간 글을 보면서 어색한 문장을 가다듬고 거친 부분을 수정해 가는 작업을 거치면 하나의 완성된 글이 되는 것이죠.

말에서 시작해 글로 완성되어 가는 아이 말의 성장 크기는 아이의 삶의 깊이를 만들어 갑니다. 말로써 표현하는 행위를 통해 아이는 뭉쳐져 있던 생각을 꺼내고 정리해 언어화합니다. 생각을 언어를 통해 존재하는 입체적인 실체로 만들어 가고 이를 가다듬고 구체화해 가는 겁니다. 그리고 이제 말을 글로 남김으로써 생각을 더욱더 정교화시켜 갑니다. 언어를 통한 이 모든 표현 행위를 통해 아이는 성장하고 배워 갑니다.

말을 통해 아이를 키워주십시오. 아이가 지적으로 성장할 수 있도록, 아이가 보다 더 세련된 방식으로 언어적 풍요를 누리고 살아갈 수 있도록 도와주십시오. 자신의 언어능력으로 앞으로 그 어떤 학습 과정도 꿋꿋이 헤쳐나갈 수 있게 아이의 말을 키워주시기 바랍니다.

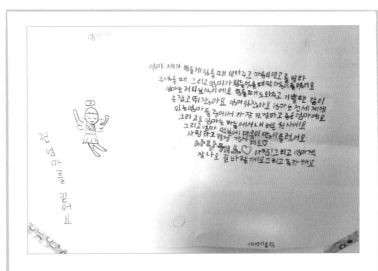

엄마께

전 엄마를 믿어요.

엄마 제가 힘들게 있을 때 안아주고 마음의 연고를 발라 주셨을 때, 막 마음이 풀렸어요. 엄마는 저의 보석이에요. 힘들 때 도와주고 기쁠 땐 같이 손잡고 뛰잖아요. 엄마 있잖아요. 엄마는 전세계에 있는 엄마들 중에서 가장 친절하고 좋은 엄마예요. 그리고요, 엄마는 하늘에서 내려온 천사예요. 그리고 엄마 덕분에 마음이 많이 풀렸어요. 사랑하고 항상 감사해요. 사랑해요. 아 참! 그리고 엄마 책 잘 나오길 바랄게요. 그리고 축하해요.

세연이 올림

일상 속
최고의 언어 자극
'말하기 연습법'

우리 아이 말 키우기 1

○ ○ ○ **모든 학습의 시작은 모국어에서 출발합니다**

모국어가 탄탄하지 않으면 우리가 많은 시간과 비용을 들여 배우는 영어도, 앞으로 하게 될 그 어떤 학습도 일정 수준 이상으로 향상되지 않거나 한순간에 무너지기 쉽습니다. 그 중요성을 아무리 강조해도 지나치지 않는 국어 능력은 부모가 아이들과 일상에서 주고받는 말에서 시작됩니다. 우리가 허투루 지나쳐왔던 하루하루의 말이 쌓이고 쌓여 아이들의 국어 능력의 초석이 됩니다. 아이와 주고받는 말에 조금만 더 신경을 쓴다면 우리 아이들의 말, 우리 아이들의 국어 능력이 크게 향상됩니다.

○○○ 아이의 말을 키워주기 위해서는 어떻게 해야 할까요?

 옹알이를 시작할 때부터 대화하기

아이가 옹알이로 자기의 의사를 표현할 때부터 아이와의 대화가 시작되어야 합니다. 아이의 의사를 알아차렸다면 그것을 간단한 문장으로 명시적으로 부모가 표현해 주세요.

아이:　(아이가 배가 고파서 울고 있다)

부모:　배가 고파? 잠시만 기다려. 우유 줄게.

아이가 단어로 말하기 시작했을 때도 마찬가지입니다. 하나의 단어만 들어도 아이의 뜻을 충분히 간파할 수 있지만 그 단어가 포함된 짧고 명료한 문장으로 아이의 의사를 대신 표현해 주세요.

아이:　까까

부모:　("자, 여기"라고만 말하지 말고) 과자가 먹고 싶어? 엄마가 한 개 줄게.

아이:　더 더.

부모:　("안 돼. 그만"이라고만 말하지 말고) 곧 밥 먹을 시간이니까 더 먹으면 안 돼.

아이 말을 되물어 보며 반응하기

아이의 말에 뭐라고 반응해야 할지 잘 모르겠다면 아이의 말을 그대로 반복해서 되물어 보세요. '아, 그랬다고?'라는 느낌이 들 수 있도록요. 이때 그대로 반복해서 물어봐도 되지만 아이의 말에 적절한 부사, 의성어나 의태어를 재미있게 넣어 보아도 좋습니다. 보통 청자가 이렇게 되물어 보며 반응을 보이면 화자는 청자가 자신의 말에 관심이 있다고 느끼게 마련이죠. 그럼 화자인 아이가 더 신이 나서 경험한 일을 말할 수 있게 됩니다.

아이:　오늘 학교에서 대왕 거미를 발견했어.

엄마:　뭐라고? 오늘 학교에서 어마어마하게 큰 거미를 발견했다고?

아이:　응. 그런데 민석이가 그 거미를 휴지로 바로 잡더라.

엄마:　민석이가 거미를 휴지로 '탁'하고 잡았어? 와, 용감하네.

 ### 상세 서술을 유도하기

아이 말을 반복해 되물어 보며 대화가 이어지면 이제 아이의 말을 듣고 좀더 구체적인 서술을 요구하는 것입니다. 아이의 말을 들었을 때 이해에는 큰 문제가 없다고 하더라도 '어떤', '어떨 때'로 시작하는 질문을 함으로써 아이가 자신의 생각이나 감정을 더 구체적으로 표현할 수 있게 기회를 주는 것이 좋습니다.

아이: 요즘 학교 가는 게 재미없어.

엄마: 그래? 학교 가는 게 별로 재미없어? 학교에서 어떨 때 재미가 없다고 느끼는데?

아이: 가만히 앉아 있어야 되고 친구들이랑 말도 못 하고 그럴 때.

부모가 상세 서술을 유도하고자 구체적인 대답을 요구하는 질문을 했는데 아이가 모른다고 대답을 하면 어떻게 하면 좋을까요? 위의 예를 그대로 가져와서 다시 대화를 만들어 보죠.

아이: 요즘 학교 가는 게 재미없어.

엄마: 그래? 학교 가는 게 별로 재미없어? 학교에서 어떨 때 재미가 없다고 느끼는데?

아이: 잘 모르겠어.

엄마: 자, 그러면 엄마가 퀴즈를 한번 만들어 볼까? 그중에서 골라 봐. 1번, 수학 수업이 재미없다. 2번, 친구들하고 충분히 못 놀았다. 3번, 밥이 맛이 없다. 4번, 여기에 답이 없다.

아이: 2번, 친구들하고 충분히 못 놀았다.

아이의 말을 구체적으로 바꿔서 말해 주기

아이들은 종종 한 단어로 자신의 모든 의사 표시를 하곤 합니다. 이렇게 하는 이유는 한두 단어만으로도 부모가 단번에 알아들어 자신의 요구를 해결해 주니 의사소통에 불편을 느끼지 않기 때문입니다. 그러나 이런 불분명하고도 구체적이지 않은 발화가 지속되는 것은 아이의 말 성장에 도움이 될 리가 없습니다. 아직 구체적인 서술을 하기 어려워하는 유아기의 아이들이라면 부모가 아이의 단답형 대답을 정확하고도 구체적으로 바꿔 완결된 문장으로 다시 말해주는 것이 중요합니다. 이는 아이에게 이렇게 대답을 해야 한다는 예시를 보여주는 가장 좋은 보기이기 때문입니다.

아이: (놀이터를 지나면서) 저기, 저기, 저기.

엄마: 저기 놀이터에서 놀다 가고 싶어?

아이: (엄마 손을 끌며) 응, 응. 빨리, 빨리.

엄마: 빨리 놀고 싶어서 마음이 급해?

아이: 응응.

혹은 아이가 별로 좋지 않은 표현을 써 가며 말을 했을 때는 어떻게 하는 게 좋을까요? 앞서 살펴본 놀이터 대화에서 나온 아이의 말을 예로 들어보겠습니다.

아이: "엄마, 엄청 짜증 나. 쟤네 진짜 짜증 나네. 아, 열 받아."

엄마: 저 친구들 때문에 속상했어? 무슨 일 때문에 이렇게 화가 난 거야?

 아이에게 새로운 언어 자극을 계속 주기

아이들은 새로운 말을 좋아합니다. 처음 들어보는 말, 뭔가 어려워 보이는 말들을 새롭게 알아가는 과정을 즐깁니다. 그래서 아이들과 대화할 때 아이가 모를 법한 단어, 속담, 표현 등을 평범한 단어와 바꿔 이야기해 보세요. 유아기의 아이라면 의성어나 의태어를 포함한 부사, 다양한 형용사를 사용해 보는 것이 좋겠고 초등학생이 된 아이라면 좀 더 추상적인 동사, 속담, 사자성어, 다양한 관용어를 적절히 말해 보는 것이 좋겠습니다.

◎ 유아기의 경우

아이: 아, 목말라. 물 주세요.

엄마: 땀을 뻘뻘 흘렸네. 자, 여기. 얼른 마셔.

아이: (물을 마신다)

엄마: 아이고, 정말 목 말랐나 보네. 벌컥벌컥 마시네.

◎ 초등학생 이후

아이: 오늘 지우가 너무 웃긴 얘기를 해 가지고 엄청 깔깔깔 웃었어.

엄마:	그래? 배꼽이 빠지는 줄 알았겠네? 무슨 얘기를 했길래.
아이:	무슨 방귀 이야기였는데, 아무튼 애들 다 웃었어.
엄마:	반 친구들이 다 웃은 거야? 교실이 웃음바다가 됐겠네.

 아무 말이라도 편하게 표현하기

말이 안 되는, 무슨 말인지 이해 안 되는 엉뚱한 이야기도 주절거려 보거나 끄적여 보는 시간을 충분히 가지는 것은 아이가 자기의 생각을 망설임 없이 표현할 수 있게 해 줄 뿐만 아니라 더 나아가 아이의 상상력과 창의력을 키워줍니다. 아이는 종종 엉뚱한 이야기를 하는데요, 이럴 때 신나게 맞장구를 쳐 보세요. 정말 흥미롭다는 듯이 아이가 한 말을 되물어 보거나 다음에 올 것으로 예상되는 이야기를 대충 짐작해 말해 보세요. 그럼, 그 다음은 아이가 알아서 이끌어 가게 되어 있습니다.

아이:	엄마, 아까 나인지 어떻게 알았어? 내 뒷모습만 보고?
엄마:	엄마는 다 알지. 우리 딸 포동포동한 궁둥이만 봐도 딱 알지.
아이:	아 진짜? 해님과 달님에서 오빠가 부엌에서 호랑이 뒷모습 보고 안 것처럼?
엄마:	맞아. 그때 오빠가 살금살금 걸어가서 슬쩍 봤잖아. 아, 그때 얼마나 긴장됐을까?

아이: 치마 사이로 호랑이 꼬리가 흔들흔들거렸겠지? 아, 무서워.

엄마: 네가 만약에 그 오빠였으면 어떻게 했겠어?

우리 아이 말 키우기 2

○○○ 생각하고 추측하고 말해 보는 읽기가 필요합니다

읽기는 눈으로 읽고 머릿속으로 생각하는 수용적인 과정이지만 유아기 또는 저학년 아이들의 경우 읽기 과정에서도 듣고 말하는 과정이 포함되는 것이 좋습니다. 이때 말이라고 하는 것은 단순히 책을 소리 내어 읽어 보는 것을 의미하지 않습니다. 읽기 전에 책의 표지 그림이나 제목을 통해 경험이나 떠오르는 생각을 자유롭게 표현해 보고 책을 읽으면서 생긴 궁금증을 가감 없이 이야기해 보고 다음 내용을 추측해 보는 모든 말하는 과정이 유기적으로 일어나는 것을 말합니다.

◦◦◦ 아이의 취향에 맞는 책 고르기

아이들의 책 취향을 알아내서 아이들이 책 읽는 재미를 찾을 수 있게 해주는 것이 무엇보다 중요합니다. 아이의 마음에 드는 책을 고를 수 있게, 아이가 좋아하는 종류의 책을 자주 접할 수 있게 해 줘야 합니다. 단, 여기에서 언급하는 책은 서술 구조가 갖추어진 이야기책을 의미합니다, 즉, 학습 만화와 같은 책은 책의 선택에서 제외되어야 합니다.

 아이의 취향에 맞는 책 고르는 방법

- 아이가 반복해서 읽고 싶어 하는 책의 그림, 내용과 유사한 책을 많이 접하게 한다.
- 아이가 재미있어하는 책이 있으면 그 책을 쓴 작가의 다른 작품도 읽게 한다.
- 부모가 우선 선정한 책 중에서 골라 보게 하거나 아이와 함께 서점에 가서 책을 골라 본다.
- 아이가 읽겠다고 선택한 책은 최대한 존중해 준다.

이 시기의 아이들에게 다양한 분야의 책을 읽히겠다고 아이가 한 종류의 책만 반복해서 읽는 것을 저지하거나 아이가 고른 책을 부모가 원하는 다른 책으로 바꿔서 손에 쥐어 줘서는 안 됩니다. 맥락을 파악하면서 텍스트를 이해해 나가는 과정이 책 읽기의 궁극적인 목적이므로 한 종류의 책만 계속 읽는다고 해서 문제가 되지 않습니다. 어떤 책으로든 맥락을 파악하고 텍스트를 이해하는 연습을 하면 되기 때문이죠.

○○○ 책 읽기 준비 운동

책을 잘 읽기 위해서는 책을 읽기 전 아이들의 경험과 지식으로 만들어진 스키마 지도를 머릿속에 그려 보는 것이 좋습니다. 아이들의 머릿속에 저마다의 지도를 그려 보기 위해서는 구체적이고도 상세한 접근이 필요합니다. 아래에 제시된 질문들을 통해 아이와 자연스럽게 읽기 전 생각 말하기의 시간을 가져 보세요. 부모가 일방적으로 질문하고 아이가 대답하는 것이 아니라 질문과 대답을 자연스럽게 서로 주고받는 것이 더 효과적입니다.

 제목이나 표지 그림을 보고 할 수 있는 이야깃거리

- 이 사람/동물은 뭘 하고 있는 걸까? 어디에 가는 걸까?
- 이 사람/동물은 지금 무슨 생각을 하고 있는 것 같아?

- 이 사람/동물은 지금 기분이 어떤 것 같아?
- 이 그림/제목에서 제일 마음에 드는 부분은 어디야?
- 이 그림에서 이상한 부분/재미있는 부분 찾아보자.
- 엄마/아빠는 ○○○ 해 본 적이 있어. 너도 그런 적이 있어?
- 이 이야기는 어디에서 벌어지는 이야기일까?
- 이 이야기는 흥미진진한 모험 이야기일까? 감동을 주는 이야기일까?
- 이 책의 주인공은 누구일 것 같아? 또 누가 나올 것 같아?
- 이 책은 무슨 이야기일 것 같아?

○○○ 일방적인 질문은 피하기

아이가 책을 읽을 때 대부분의 부모는 아이가 제대로 읽었는지, 내용을 잘 파악했는지를 확인하고 싶어집니다. 그래서 책을 다 읽고 난 다음에, 혹은 읽는 중에라도 "지금까지 읽은 내용이 뭐야?", "이거 전에 무슨 내용이 나왔어?", "이 단어가 무슨 뜻이지?"와 같은 확인 질문을 종종 하게 됩니다. 아이가 이 질문에 대답을 제대로 못 하면 답답해하며 아이를 다그치게 되겠죠. 그러나 시험과 같은, 이런 일방적인 질문은 아이들에게 심적인 부담만 줄 뿐 별로 득이 될 것이 없습니다.

아이가 얼마나 이해했는지, 아이가 어떤 생각을 했는지가 궁금하

다면 아이와 동등한 입장에서 함께 읽고 자연스럽게 이야기를 나누
어야 합니다. 아래 대화에서 부모의 어떤 발화가 아이의 생각을 편하
게 말하게 할 수 있게 할까요?

부모: 이 그림 좀 봐. 할머니 귀가 커졌어. 당나귀 귀처럼.

아이: 어, 맞아. 귀가 뾰족하게 커졌어.

부모: ① 할머니 귀가 커졌는데 위층 아이들 소리가 안 들리는 이유가 뭐
야?

        ② 아, 신기하네. 할머니 귀는 커졌는데 위층 아이들 소리가 안 들
린대. 왜 그러지?

아이: 위층 아이들이 엄청 조심하고 있잖아. 전에 할머니가 시끄럽다고
많이 혼내서.

부모: ① 그럼 할머니 귀는 왜 커지는지 생각해 봐. 왜 그런 거지?

        ② 그런데 이상하지 않아? 귀는 도대체 왜 커지는 거야?

아이: 귀를 쫑긋 세우고 들으려고 하니까? 할머니는 아이들이 조용히
하는 걸 안 믿나 봐.

부모: ① 맞아. 이해 잘 했네. 그럼 이제 할머니가 어떻게 할 것 같은지 말해
봐.

        ② 아, 그렇네. 안 들리는 걸 자꾸 들으려고 하니까 귀가 커졌네.
이제 할머니는 어떻게 할까? 아, 엄마가 할머니라면 어떻게
할까? 고민되네.

정답은 모두 ②번입니다. ①번도 ②번도 실은 모두 아이가 책의 내용을 얼마나 이해를 했는지에 대해서 확인하고 있습니다만 그 접근 방식이 다릅니다. ①번은 '나는 정답을 다 알고 있다. 네가 잘 대답하는지 아닌지 확인해보자'의 느낌을 다분히 주고 있고 ②번은 '니 생각이 궁금하다', '알고 싶다'의 뉘앙스를 주고 있기 때문입니다. 아이와 책에 대해서 이야기할 때는 '신기하다', '그렇네', '왜 그러는지 정말 궁금하다'의 내용을 담은 질문을 하면 아이에게 부담을 주지 않고도 내용을 확인할 수도있고 아이의 생각도 자연스럽게 들을 수 있게 됩니다.

 단어 유추와 맥락 파악

책을 읽을 때 가장 중요한 것은 유추입니다. 모르는 단어의 뜻을 앞뒤 맥락에서 유추할 수 있어야 하고 앞선 내용을 이해하고 그 내용 다음에 이어질 내용을 추측하며 맥락을 파악할 수 있어야 합니다. 책을 읽으면서 단어를 유추해 나가는 부모와의 대화 예시를 보겠습니다.

아이: 아빠, 으리으리하다가 뭐야?

아빠: 으리으리하다가 나온 문장을 한번 읽어 볼래?

아이: 계단을 오르자마자 으리으리한 요리점이 있었습니다.

아빠:	아, 그것만으로는 모르겠네. 계속 읽어 볼래?
아이:	건물은 금빛 종이 덕분에 눈이 부실 만큼 번쩍번쩍했습니다. 엄청 넓은 요리점이었어요.*
아빠:	그럼 으리으리한 건 뭘까?
아이:	엄청 크고 반짝반짝하고 화려한?
아빠:	그렇지.

가볍게 단어의 뜻을 알려줄 수도 있지만 아이들에게 단어의 뜻은 이렇게 유추할 수 있다는 것을 알려주는 것도 중요합니다. 몇 번 이런 과정을 반복하다 보면 아이는 혼자서도 이 방법을 시도해 보게 됩니다.

 책과 책을 연결하여 넓게 읽기

아이들과 책을 읽다 보면 책마다, 이야기마다 연결 지을 만한 부분들이 꽤 많습니다. 주인공과의 연결점을 찾을 수도 있겠고 이야기의 배경, 사건, 주제 등에서도 유사한 지점을 발견할 수 있습니다. 그림책의 단골 주인공인 동물 중에서 같은 동물이 나온 책을 떠올려보고 각각의 성격이나 상황을 비교해 가며 이야기해 보거나 유사한 주

---

* 안 읽어씨 가족과 책 요리점 중

제를 떠올려 이야기해 보세요.

◎ 유사한 인물 연결하기

아이: <외톨이 사자는 친구가 없대요>에서 사자가 다른 동물로 꾸미
　　　니까 오히려 더 무서워했어, 친구들이.

엄마: 그러게. 사자를 무서워할 줄 알았는데 친구들이 사자 진짜 모습
　　　을 더 좋아하네.

아이: 친구 사귈 때는 솔직한 게 좋겠어.

엄마: 응응. 정말 그래. 근데 우리 사자가 나오는 이야기 또 뭐가 있었더
　　　라?

아이: 아, 그거 있잖아. <도서관에 간 사자>.

엄마: 아, 그러네.

아이: 도서관에 간 사자는 이거랑 내용은 좀 다르지만 그래도 자기 모
　　　습을 그대로 보여주니까 금방 도서관 사람들이 사자를 다 좋아했
　　　어.

위의 대화에서는 사자가 등장한 그림책을 연상해서 둘을 연결 지
었습니다. 그렇다면 이번에는 똑같은 책으로 내용적인 측면에서 연
결해 볼까요?

◎ 유사한 내용으로 연결하기

아이: <외톨이 사자는 친구가 없대요>에서 사자가 다른 동물로 꾸미

니까 오히려 더 무서워했어, 친구들이.

엄마: 그러게. 사자를 무서워할 줄 알았는데 친구들이 사자 진짜 모습을 더 좋아하네.

아이: 친구 사귈 때는 솔직한 게 좋겠어.

엄마: 자기 모습을 있는 그대로 사랑하고 보여주는 게 제일 좋은 거야.

아이: 엄마, 자기 모습 자꾸 바꾸려고 했다가 줄무늬 생긴 이야기 있었잖아. 그거랑 비슷하다.

엄마: 아, 맞다. 그런 이야기도 있었지? 제목이 뭐였더라?

아이: <줄무늬가 생겼어요> 아니야?

엄마: 맞다. 그 이야기.

아이: 거기에서 카밀라는 다른 사람한테 잘 보이려고 자꾸 자기를 바꿨잖아. 그러니까 자기 몸이 물건처럼 막 바뀌었어. 그거랑 이거랑 좀 비슷하지 않아?

　　<외톨이 사자는 친구가 없대요>의 이야기가 단순하게는 주인공 사자와의 연결에서 조금 더 복잡하게는 주제나 내용적인 측면에서 또 다른 동화와 연결 지어 책과 책을 넘나들며 넓게 읽어 볼 수 있습니다.

우리 아이 말 키우기 3

○○○ 입력과 출력은 밸런스가 맞아야 합니다

학습에 있어서 입력은 새로운 것을 받아들이고 이해하는 것을 뜻하고 출력은 입력된 내용을 사용해서 말과 글로 표현해 보는 것을 말합니다. 제대로 된 학습이 이루어지려면 입력과 출력이 밸런스를 맞춰 신나게 시소를 탈 수 있어야 합니다.

학습에 있어서 출력이 반드시 필요한 이유

학습에 있어서 입력과 출력이 다음과 같은 선순환을 이루어야 합니다.

> 입력된 내용을 이리저리 생각해 본 후 정리해서 말로 하거나 글로 써 본다

> 말해 보거나 글로 쓰는 과정을 통해 언어능력을 향상 시킬 수 있다

> 향상된 언어능력으로 더 높아진 수준의 학습 입력을 이해하기 쉬워진다

입력된 내용이 말이나 글로 출력되는 과정이 일어나야 언어능력이 향상됩니다. 만약 출력의 기회 없이 입력만 계속된다면 아이들의 언어능력도 향상되지 않으며 멈춰진 아이들의 언어능력으로는 더 복잡해지는 학습 입력을 제대로 소화할 수 없어 학습 능력이 떨어지게 됩니다. 이것이 바로 학습에 있어서 출력이 반드시 필요한 이유입니다.

출력의 시작은 즐거움에서 시작되어야 합니다. 그렇기에 유아기부터 아이가 자신 있어 하는 부분에 대해서 설명할 수 있는 기회를 주는 것이 좋습니다. 아이가 설명을 하면 무조건적인 지지를 통해 다시 표현해 보고 싶다는 마음이 들게 해야겠습니다. 학습을 시작하고 나서도 마찬가지입니다. 아이가 알게 된 지식에 대해서 설명해 볼 수 있는 기회를 주고 스스로 뿌듯함을 느낄 수 있게 해 주세요. 표현의 기쁨, 표현을 잘 할 수 있다는 자신감을 심어 주는 것이 무엇보다 중요합니다.

- 와, 로봇 만들었네? 이거 어떻게 만든 거야?
- 맛있는 음식 만들었다! 이건 어떻게 만든 요리야? 어떻게 먹어?
- 이 하트는 어떤 순서로 접어서 만든 거야?
- 이 게임은 어떻게 하는 거야? 규칙을 좀 알려줘. 궁금하다.
- 학교에서 전통악기 배웠네? 장구는 어떤 악기야? 좀 가르쳐 줘.

아이가 초등학생이 되고 어느 정도의 논리가 생기기 시작하면 아이와 토론을 해 보는 것도 좋은 방법입니다. 책을 읽고 나서 등장인물의 각각의 입장에서 자기주장을 펼쳐도 좋고, 생활에서 발생하는, 견해 차이가 나는 사안에 대해서 자유롭게 이야기해 볼 수 있습니다.

아이의 말에 맞고 틀린 것은 없다

아이는 종종 자기가 알게 된 것에 대해서 뽐내고 싶어 합니다. 뭐든 새롭게 알게 된 것에 대해서 설명하거나 이야기를 하고 싶어 할 때 아이에게 어떤 반응을 해주느냐에 따라서 아이가 앞으로 확신을 갖고 뭐든 자신 있게 표현할 수 있는 아이로 자랄 수 있는지 없는지가 갈립니다.

- 아이의 말을 열심히 들어주고 맞장구를 치며 반응해 주세요.
  이거 몰랐던 건데 네 덕분에 알게 됐네/정말 재미있네/
  그래서 그 다음은 뭐야? 궁금하다
- 아이가 말할 때 아이를 부끄럽게 만들거나 수치심을 주지 마세요.
  똑바로 말해/ 도대체 무슨 말인지 못 알아듣겠어/난 또 뭐라고/
  그거 다 아는 건데
- 아이의 말이 틀렸다고 하더라도 말끝마다 수정해 주지 마세요.
  아니, 그게 아니지/틀렸잖아, 이렇게 해야지/
  아니, 또 틀리면 어떡하니.

표현하며 배워 간다

제대로 된 학습은 입력으로 시작되어 출력으로 마무리되는 것입니다. 입력된 내용을 이해하고 이해한 것을 머릿속에 도식화하고 이를 말로든 글로든 설명할 수 있어야 학습이 일어났다고 할 수 있죠. 더 욕심을 부려 보자면 제대로 학습된 내용을 이용해 새로운 무언가를 만들어 내는 것, 즉 이야기를 만들거나, 그림을 그리거나 만들기를 한다거나 하는 등의 창작 활동이 이루어지면 더 좋겠습니다. 혹은 학습된 내용을 바탕으로 새로운 궁금증이 생겨 아이가 자기 주도적으로 뭔가를 알아 가려고 하는 과정이 이어지는 것도 매우 바람직하겠습니다.

ⓖ 생각 냉장고 만들기

- 알게 된 내용에 대해서 기억나는 대로 생각 냉장고에 써 본다.
- 생각 냉장고에 메모된 내용을 보면서 알게 된 것을 설명해 본다.
- 가장 관심 가는 내용 몇 개를 선택해서 짧은 이야기를 만들거나 그림을 그려 본다.

생각 냉장고에 알게 된 내용을 단순히 써 보는 것만으로도 새로운 내용을 정리하는 과정이라 아이에게 큰 도움이 됩니다. 더 나아가 정리한 내용에 한두 문장을 덧붙여 그 내용을 말로든 글로든 설명해 보는 과정만으로도 아이가 알게 된 내용을 완전한 자기의 것으로 소화하게 됩니다.

1. 땅속 마그마는 뜨겁다.

2. 땅속 돌은 움직인다.

3. 돌들은 서로 부딪힌다.

우리 아이 말 키우기 4

○○○ **집은 아이의 언어 교실이 되어야 합니다**

 서술 능력이란?

서술이란 화자가 청자에게 일어난 일을 말로 설명하는 행위입니다. 이때 일어난 사건 자체뿐만 아니라 그 사건이 발생한 시간적, 공간적 맥락까지 청자에게 시간 순서에 따라 설명할 수 있어야 서술 능력을 갖추었다고 말할 수 있습니다.

◎ **아이들이 서술 능력을 갖추어야 하는 이유**
- 서술 능력은 아이들의 학습에 적극적으로 활용된다.

• 서술 능력이 좋은 아이들이 읽기 능력이 뛰어나다.
• 서술 능력은 성공적인 학업을 위해 매우 중요하다.

 ### 서술 능력을 키우기 위한 부모의 언어 자극

　부모가 아이에게 어떤 언어 자극을 주었는지에 따라 아이들은 서술 능력에서 차이를 보입니다. 아이의 말에서 맥락을 되짚어 보고 강조했던 부모의 자녀들이 대체로 뛰어난 서술 능력을 보입니다. '언제', '어디에서', '누가'와 같은 맥락을 구성하는 정보가 아이의 서술에 다 포함이 되었는지 살펴보고, 빠진 부분이 있다면 그 부분을 다시 물어 봄으로써 맥락에서 비어 있는 부분을 채워 나가도록 아이에게 언어적인 자극을 주어야 합니다.

아이:	나, 이 보드게임 해 봤어.
엄마:	그래? ('보드 게임 이름이 뭔데?', '재밌었어?'가 아닌) 언제 해 봤는데?
아이:	이거 수요일마다 학교에서 보드게임 하거든. 그때 해 봤지.
엄마:	그래? 수요일마다? 학교에서 보드게임 할 시간이 있어? 언제 해?
아이:	오후에 특활 시간에 보드게임 선생님이 오셔. 그때 해.
엄마:	너는 누구랑 보드게임 했어?
아이:	그때 그때마다 팀이 달라져.
엄마:	이거 근데 어떻게 하는 거야? 엄마한테 좀 가르쳐 줘.

흔히 아이가 무엇을 해 보았다는 경험을 말할 때 "재밌었어?" 내지는 "어땠어?"와 같은 결과 중심의 질문보다 비어 있는 시공간적인 맥락에 대한 정보를 물어보는 것이 좋습니다. 부모의 맥락에 대한 정보의 요구는 아이들로 하여금 혼자 서술을 할 때도 맥락적 정보를 챙겨서 말하게 합니다.

 ## 집에서 하는 아이의 말하기 연습

집에서 하는 말하기 연습은 따로 시간을 내서 작정하고 시키는 연습이 아닙니다. 이는 언제든, 어디서든 어떤 준비물도 없이 할 수 있는, 그러나 최고의 효용을 자랑하는 서술 연습 방법입니다. 간단해 보이지만 집중해서 생각해야 할 수 있고 별것 아닌 것처럼 보이지만 그 어떤 학습보다도 학습 효과를 낼 수 있습니다.

◎ 문장 만들기
- 2~3개의 단어를 제시하고 그 단어를 활용해 문장을 만들어 보세요.
- 부모와 아이가 번갈아 가며 문제를 내고 문장을 만들어 보세요.
- 주변에 보이는 아무 단어를 이용해서 문제를 내면 됩니다.
- 특정 주제와 관련한 단어로 문장 만들기를 해도 좋습니다.
  (예) '학교'라는 주제를 정했으면 학교와 관련된 단어, '학생',

'책상', '교실'과 같은 단어를 아이에게 제시하면 됩니다

◎ **아이가 자기의 생각과 감정을 표현하지 못할 때**

- 아이가 느꼈을 감정에 대한 적절한 단어를 가르쳐 주세요.
- 아이가 자신의 감정이나 생각을 말하지 않을 때는 감정 알아맞히기 퀴즈를 내어 주세요.

  예) 지금 ○○이의 기분은 무엇일까요?

  　1번 서운하다, 2번 신난다, 3번 화가 난다, 몇 번이 답일까요?

- 감정을 알아맞혔다면 다음으로는 그 감정에 이르게 된 상황을 설명하게 하세요. 이때 <보기>에는 엉뚱한 상황을 넣어서 아이가 스스로 자기의 상황을 설명하도록 할 수 있습니다.

  예) ○○이가 화가 나는 이유는 무엇인가요?

  　1번 배가 고파서, 2번 학교에서 넘어져서 3번 여기에 답이 없다

　　　단어 말놀이

- 단어의 뜻을 설명할 수 있게 퀴즈를 내어 보세요.

  예)'흐리다'가 뭐게?

- 설명하는 데 목적이 있으므로 어려운 단어가 아니어도 괜찮습니다.

  예)'솜사탕'이 뭐게?

- 단어 설명을 어려워하면 처음에는 몸으로 뜻을 표현하게 해도 좋

습니다.

- 반대로 단어의 뜻을 말하고 단어를 알아맞히는 퀴즈 놀이도 할 수 있습니다.

  예) 이 안에는 돈도 들어 있고 카드도 들어 있습니다. 지퍼가 있어요. 뭘까요?

- 단어 빙고 놀이도 아이와 신나게 할 수 있는 단어 말놀이입니다.

 말꼬리 잡기 말놀이

- 앞 사람의 이야기를 잘 듣고 다음 이야기를 만들어 보는 놀이입니다.
- 한 문장씩 돌아가면서 이야기를 만들어 갑니다.
- 이 놀이의 목적은 앞 사람의 이야기에 자연스럽게 이어질 수 있게, 맥락에 맞는 이야기를 만드는 데 있습니다.

  예) 아빠: 어느 일요일에 은지와 은지 가족들은 소풍을 떠났습니다.

  아이: 소풍 가서 먹으려고 김밥도 싸가고 과자도 잔뜩 가방에 넣었습니다.

  엄마: 신나게 룰루랄라 노래를 부르면서 공원으로 걸어가고 있었어요.

  아빠: 그런데 갑자기 하늘에서 뚝 비가 오기 시작했습니다.

  아이: 어떻게 하지요? 은지네 가족은 우산을 가져오지 않았습니다.

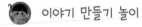 **이야기 만들기 놀이**

- 아이가 관심 있어 하는 주제가 있으면 그 주제를 중심으로 이야기 만들기를 유도합니다.
- 말꼬리 잡기 말놀이와 달리 등장인물과 인물의 성격, 전체적인 줄거리를 미리 준비합니다.
- 한 문장씩 이야기를 이어 가기도 하고 아이디어가 많이 떠오르는 사람이 더 많이 말할 수도 있습니다.
- 이야기를 만들 때 부모가 옆에서 메모를 하거나 만든 이야기를 그대로 옮겨 씁니다.
- 이야기가 어느 정도 만들어지면 아이가 해당 장면의 그림을 그리고 이야기를 정리해서 쓸 수도 있겠습니다.

 **이야기 다시 말해 보기**

- 읽거나 들은 이야기를 요약해서 말하는 연습입니다.
- 이야기를 구성하는 요소를 포함해서 정리해 말해야 하므로 아이들의 서술 능력 향상에 큰 도움이 됩니다.
- 짧고 간단한 이야기, 아이가 잘 아는 이야기를 요약해서 말하는 연습부터 시작해 보세요.

말놀이에서 시작되는 아이들의 글쓰기

글은 자기 생각을 쓰는 것입니다. 앞선 말놀이에서 문장으로 생각해 보고 이야기도 만들어 보고 자기 감정도 이리저리 말해 본 경험이 많은 아이들은 글쓰기에도 주저함이 없습니다. 말이 글이 된다는 것을 알려주기 위해서 아이가 한글을 모를 때부터 아이의 말이 글이 된다는 것을 알려줄 필요가 있습니다. 또한 한글을 읽고 쓰게 된 이후부터는 부모와 함께 만들고 놀았던 문장을 써 보거나 만들었던 이야기의 일부라도 한두 번 써 보게 하는 것이 큰 도움이 됩니다.

- 아이가 그림을 그렸다면 그 그림이 어떤 상황, 어떤 이야기를 담고 있는지 아이의 이야기를 듣고 그것을 그대로 옆에 써 준다.
- 아이와 말놀이를 하면서 만든 문장이나 이야기를 쓰고 함께 읽어 본다.

참고 동화책

김유. (2017). 안 읽어 씨 가족과 책 요리점. 문학동네.

나카노 히로카주. (2001). 외톨이 사자는 친구가 없대요. 한림출판사.

데이빗 섀논. (2006). 줄무늬가 생겼어요. 비룡소.

러셀 에릭슨. (2014). 화요일의 두꺼비. 사계절

레이 브래드베리. (2005). 밤을 켜는 아이. 국민서관

마이클 로젠. (2017). 곰 사냥을 떠나자. 시공주니어.

모리야마 미야코. (2000). 노란 양동이. 현암사.

미셸 누드슨. (2007). 도서관에 간 사자. 웅진주니어.

백희나. (2014). 달 샤베트. 책읽는곰.

백희나. (2017). 알사탕. 책읽는곰.

쓰치다 요시하루. (2009). 마법의 그림물감. 와이즈아이.

아더우. (2009). 형광 고양이. 푸른날개.

이소 미유키. (2013). 봐도 돼?. 천개의 바람.

엘리자베드 슈티메르트. (1999). 우당탕탕, 할머니 귀가 커졌어요. 비룡소.

줄리아 도널드슨. (2014). 무시무시한 그루팔로. 주니어RHK.

토니 모리슨. (2000). 네모 상자 속의 아이들. 문학동네.

폴 갈돈. (2007). 빨간 암탉. 시공주니어.

히가시 치카라. (2009). 집으로 가는 길. 개암나무.

헬레나 그랄리즈. (2015). 거짓말은 왜 자꾸 커질까. 두레아이들.

참고문헌

매리언 울프. (2019). 다시 책으로. 어크로스.

셀린 알바레즈(2020). 아이의 뇌는 스스로 배운다. 열린책들.

이삼형. (2014). 국어교육, 어떻게 하는 것이 바람직한가? 새국어생활, 24(4), 3-19.

Brown, R. (1973). A first language: The early stages. Cambridge. MA: Harvard
   University Press.

Bruner, J. (1990). Acts of meaning. Cambridge, MA: Harvard University Press.

Center on the Developing Child. (2009). Five numbers to Remember About Early
   Childhood Development.

Feagans, L. & Appelbaum, M. I. (1986). Validation of language subtypes in learning
   disabled children. Journal of Experimental Psychology, 78, 358-364.

Freeman, S., Eddy, S.L., McDonoough, M., Smith, M.K., Okoroafor, N., Jordt, H. &
   Wenderoth, M.P.(2014). Active learning increases student performance in
   science, engineering, and mathematics. PNAS, 111(23), 8410-8415.

Hart, B. & Risley, T.R. (2003). The Early Catastrophe: The 30 Million Word Gap by
   Age 3. American Educator, spring, 4-9.

McCabe, A., Bliss, LS. (2012). Personal Narratives: Assessment and Intervention.
   Perspectives on Language Learning and Education, 19(4), 130-138.

O'Neill, DK., Pearce,MJ., & Pick, JL. (2004) Preschool Children's Narratives and
   Performance on the Peabody Individualized Achievement Test - Revised:
   Evidence of a Relation between Early Narrative and Later Mathematical
   Ability. First Language, 24(2), 149-183.

Paula J. S., Anne, M. H., Joseph M. W., Melanie, R. K., Steven, A. (2004). Becoming
   a Fluent Reader: Reading Skill and Prosodic Features in the Oral Reading
   of Young Readers. Journal of Educational Psychology, 96(1), 119-129.

Peterson, C., & McCabe, A. (1983). Developmental psycholinguistics: Three ways of
   looking at a child's narrative. New York: Plenum.

Peterson, C., McCabe, A.(2013). Parental scaffolding of context in children's narratives. Children's Language, 9, 183-196.

Ricketts, J., Nation, K., Bishop, DVM. (2007). Vocabulary Is Important for Some, but Not All Reading Skills. Scientific Studies of Reading, 11(3), 235-257.

Snow, C. E. (1983). Literacy and language: Relationships during the preschool years. Harvard Educational Review, 53, 165-189.

Snowling, M., Hulme, C. & Nash, H. M. (2015). The Foundations of Literacy Development in Children at Familial Risk of Dyslexia. Psychological Science, 26 (12), 1877-1886.

Virginia A. M., & Fernald, A. (2008). Speed of word recognition and vocabulary knowledge in infancy predict cognitive and language outcomes in later childhood. Developmental Science, 11(3), 9-16.

Weisleder, A., Fernald, A. (2013). Talking to Children Matters: Early Language Experience Strengthens Processing and Builds Vocabulary. Psychological Science, 24(11), 2143-2152.

공부머리, 집에서 말로 키운다

언어능력 키우는
아이의 말하기 연습

초판 1쇄 발행	2021년 1월 20일
3쇄 발행	2022년 3월 2일
지은이	신효원
그림	이세연
펴낸이	신호정
펴낸곳	책장속북스
교열	전유림
웹마케팅	이혜연
내지디자인	이지숙
표지디자인	양미정
신고번호	제 2020-000111호
주소	서울시 송파구 양재대로 71길 16-28 원당빌딩 4층
대표번호	02)2088-2887
팩스	02)6008-9050
인스타그램	@chaegjang_books
이메일	chaeg_jang@naver.com
유튜브	책장속 Books

ISBN   979-11-972489-3-1 (03370)

● 잘못된 책은 구입한 서점에서 바꾸어 드립니다.
● 이 책은 저작권법에 따라 보호받는 저작물이므로, 이 책 내용의 일부 또는 전부를 이용하려면 반드시 저작권자와 책장속북스의 서면 동의를 받아야 합니다.
● 책값은 뒤표지에 있습니다.

이 도서의 국립중앙도서관 출판예정도서목록(CIP)은 서지정보유통지원시스템 홈페이지(http://seoji.nl.go.kr)와 국가자료종합목록 구축시스템(http://kolis-net.nl.go.kr)에서 이용하실 수 있습니다. (CIP제어번호 : CIP2020055332)